心ゆさぶる色彩の旅へ

世界の絶景パレット100

永岡書店

見知らぬ風景に出合うことは、旅の醍醐味のひとつです。息を呑むような絶景だけでなく、旅の景色は気持ちを穏やかにしてくれたり、元気を与えてくれたり、時には感傷的にさせてくれたりします。そして心に刻まれた風景には、必ず印象的な色が存在します。色には様々な効能があり、素晴らしい風景に出合った時の感動を、より大きくしてくれるのです。

さあ人生をより豊かにするために、美しい風景と色に出合う旅に出ましょう。

この世界には、
人生を豊かにする風景と色がある

ウユニ塩湖（ボリビア）

心ゆさぶる色彩の旅へ

世界の絶景パレット100

CONTENTS

BLUE

LIGHT BLUE

PURPLE

PINK

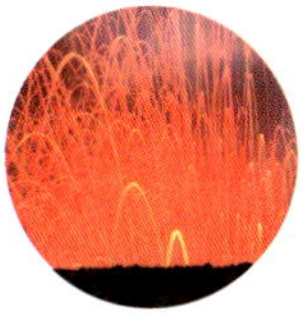

RED

ORANGE

YELLOW

BROWN

GREEN

WHITE

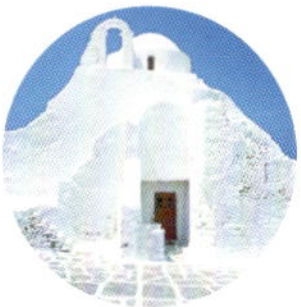

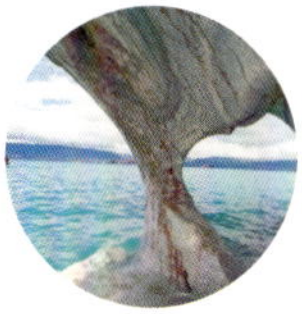

GRAY

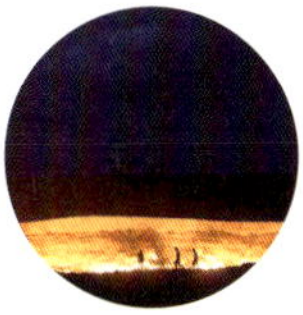

BLACK

すぐに行ける！
色彩の旅

日本の絶景12色

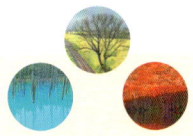

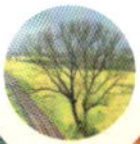

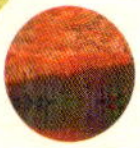

世界の絶景パレット100の

楽しみ方

世界の色を、青・水色・紫・桃・赤・
橙・黄・茶・緑・白・灰・黒の12色順に並べ、
美しいパレットに見立てています。

ウクライナ Ukraine
恋人同士で歩くと願いが叶うと伝えられている
カップルで訪れる人が絶えない
190

心奪われるページをランダムに見るもよし、心を落ち着けたいときに青を、パワーチャージしたいときに赤の絶景を見るなど、そのときの気分で色を変えて眺めるなど、カラーセラピーのようにも活用できます。

・掲載情報は、発刊時の情報ですので、
状況に応じて変わる場合があります。
旅行の前に必ず最新情報をご確認ください。
・掲載情報による損失、トラブルなどの
責任は負いかねますので、
あらかじめご了承ください。

旅の予算はあくまでも目安です。
ベストシーズンに、最低日数・
最安値でかかる金額を予想し、
算出しています。

旅の予算
15万円～
(5日間のツアー料金)

9
GREEN

愛のトンネル

Tunnel of Love

訪れる者を神話の世界へと誘う 幻想的な緑のトンネル

まるで別世界に通じていそうな神秘的な緑のトンネル。神話かおとぎ話の場面のようなこの美しいトンネルは、ウクライナの小村クレヴァニにあります。

愛し合っている恋人同士がこのトンネルをくぐると願いが叶うという伝説があります。最近はここで結婚式をあげるカップルも増えているそうです。トンネルは夏は緑一色ですが、秋には葉が黄色く色づき、冬には白く雪化粧、そして春にはまた新緑に染まります。

地面には草に覆われた線路が通っています。一見すると廃線のように思えますが、今も木材運搬などの鉄道路線として現役で使われています。通過する列車には十分ご注意を。

★ベストシーズン
1 2 3 4 5 6 7 8 9 10 11 12 月

★言葉／ウクライナ語、ロシア語
★日本からのアクセス／モスクワ、イスタンブール経由でキエフまで約13時間。そこから西のリヴィウまで特急で5時間。さらにバス、鉄道を乗り継いでクレヴァニ駅まで約6時間。

旅のヒント
近年人気の場所ですが、行き方が複雑なうえ英語はまず通じません。現地語で地名や駅名を書いた紙を持っていくと便利です。夏はトンネル内に蚊が多いので、蚊除けスプレーを持参した方がいいでしょう。

木材を運搬する鉄道路線として今でも使われているので、列車の接近には注意が必要

191

ベストシーズンはわかりやすくグラフにしました。色の濃い月が旅に最適な時期です。言語、日本からのアクセスも参考にしてください。※全て色が濃いところは通年で楽しめます。

「旅のヒント」として実際にその地を旅した人の口コミ情報を掲載しました。
おすすめ情報や注意点も満載ですので、ぜひ活用してみてください。

P250からは
「日本の絶景12色」として、
国内の絶景を紹介しています。

多依樹梯田（中国）

BLUE

「リラックス」には王道、青の絶景

日頃のストレスから解放されるために旅に出る人は多いはず。
そんなときのおすすめはやはり青の絶景。ブルーには脳内に
アルファ波を増幅させる働きがあり、高いリラックス効果が期待できます。
ここでは空と海だけではない、何色もの癒やしの青を紹介します。

空と大地の境目が分からなくなる
夢のなかのような景色を体感できる

旅の予算
32万円～
(8日間のツアー料金)

1
BLUE

ウユニ塩湖

Uyuni Salt Flat

塩湖に水が張るのは雨季の間だけ
水面を歩くような感覚を味わえる

ウユニ塩湖

Uyuni Salt Flat

水平線と空がひとつになる
自然が作り出した唯一無二の絶景

ジープから降り立つと、そこには360度、見渡す限りの塩の平原が広がっています。世界最大の塩湖の大きさは、秋田県とほぼ同じくらい。そのあまりのスケールの大きさに言葉を失ってしまいます。

ボリビアの高原にあるウユニ塩湖は、遥か昔にアンデス山脈が隆起する際に海水がそのまま残って生まれたものです。高低差がほとんどないため、わずかな雨でも平原いっぱいに薄く水が張ります。その水面に空が映り込み、空中に浮いているような不思議な感覚を味わえるのです。

朝や夕暮れの時間、また新月の夜には星空との饗宴も素晴らしく、時間を忘れて眺めていたくなる、天空の絶景です。

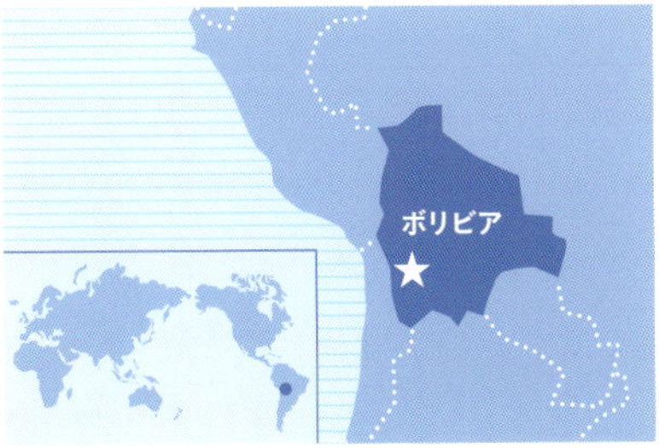

★ベストシーズン

1 2 3 4 5 6 7 8 9 10 11 12 月

★言葉／スペイン語

★日本からのアクセス／日本からボリビアの首都ラパスまでの直行便はなく、米国の都市の経由便を利用するのが一般的。ラパスからウユニ塩湖までは飛行機かバスで行くことができる。

旅のヒント

雨季と乾季で違う景色が楽しめるウユニ塩湖ですが、水面に空が映り込む「天空の鏡」を体験するなら雨季を選びましょう。また富士山頂と同じ位の標高にあるので、防寒着や日焼け止め、サングラスを忘れずに。

高低差がほとんどないため
トリック写真を撮って楽しむ人も多い

「青」という色はひとつだけではないことを感じる
この町には本当に様々な青が存在している

旅の予算
18万円～
（8日間のツアー料金）

1
BLUE

シャウエン
Chaouen

どこまでも続く青の迷宮
おとぎの国のようなモロッコの秘境

モロッコ北部の山の中腹に、ひっそりと隠れるように築かれた青いメディナ（旧市街）があります。その昔、イベリア半島を追われてここに住み着いたユダヤ教徒が、家々を青く塗ったのがその始まりだといわれています。

メディナに一歩踏み込むと、そこは無限の青の世界。家々の壁だけではなく窓枠もドアも、植木鉢まで、徹底的に青く塗られています。迷路のような狭い路地の地面や階段まで青いので、町のすべてがひとつにつながり、どこまでも奥へ奥へと連続しているような錯覚に陥ります。民族衣装のジュラバをまとったおじいさんとすれ違い、ようやくここが人々の暮らしの場だと思い出すのです。

★ベストシーズン
1 2 3 4 5 6 7 8 9 10 11 12 月

★言葉／アラビア語、フランス語
★日本からのアクセス／モロッコへはヨーロッパや中東の都市で乗り換え。フライトの選択肢が多いのはエールフランス。一番アクセスがいい空港があるのはフェズで、フェズからはバスで約4時間。

旅のヒント
同じメディナでも、マラケシュのような喧騒ではないので、モロッコの中では比較的穏やかに滞在できる町です。土産物屋の人々もしつこくないので、ゆっくりお店を見てショッピングを楽しめます。

上／路地で遊ぶ子供達の姿はどこも同じ
下／土産物の鮮やかな色が青い壁によく映えてとても美しい

1
BLUE

ペリトモレノ氷河
Perito Moreno Glacier

旅の予算
33万円～
（8日間のツアー料金）

巨大な氷の壁が轟音と共に崩落
氷の河の流れを体感する

　神秘的な青を帯びた氷河。ここはアルゼンチンのロス・グラシアレス国立公園にある、ペリトモレノ氷河です。青く見えるのは、氷が自身の重さで圧縮され、高密度になるからといわれています。

　この氷河の最大の特徴は、毎年夏になると、氷河の先端が大崩落を起こすことでしょう。高さ70mの氷壁が轟音とともに崩れ落ちていく様子は、まさに自然の大いなる営みを感じさせます。

　地球温暖化の影響で地球上の氷河が縮小していますが、このペリトモレノ氷河だけは、成長と崩壊を繰り返し続け、今でもその大きさが変わることはありません。それゆえこの氷河は「生きた氷河」と呼ばれているのです。

神秘的な青い光を放つペリトモレノ氷河

★ベストシーズン

1 2 3 4 5 6 7 8 9 10 11 12 月

★言葉／スペイン語

★日本からのアクセス／空路、北米で乗り継ぎ、ブエノスアイレスへ。乗り継ぎ時間を入れて30時間前後。国内線でロス・グラシアレス公園の玄関口のエル・カラファテまでは、3時間半。

旅のヒント

氷河の大崩落を見るには、船で湖面から氷河に近づくツアーに参加します。所要1時間ほどで、遊覧船が氷河の目の前まで迫ります。ただ必ず崩落の場面に出合えるわけではないので幸運を祈りましょう。

ここが大氷河の先端部分
20階建てのビルが目の前で崩落する
姿を想像すればどれほどの規模かが分かる

町の北側から入江を挟んで見るテーブルマウンテン
ここから見ると山の形状が一番よく分かる

1
BLUE

旅の予算
33万円〜
（7日間のツアー料金）

テーブルマウンテン
Table Mountain

雲のテーブルクロスをかける南アフリカのシンボル

世界中に印象的な形の山はたくさんありますが、アフリカ最南端の大都市ケープタウンの背後に控えるテーブルマウンテンほど、訪れる人の目に強烈な存在感を与える山はありません。

標高は1086m。ロープウェイで頂上に上ると、名前のとおり、テーブルのように平らな土地が広がっています。ここでは北側にはケープタウンの町を、南側には喜望峰まで連なる山々と大西洋を眺めながらハイキングが楽しめます。

この山が最も美しく見えるのは、南東の風が吹くとき。海からの風が山に当たって雲が発生し、それが平らな山頂から山裾に流れ、まるでテーブルクロスがかかっているように見えるのです。

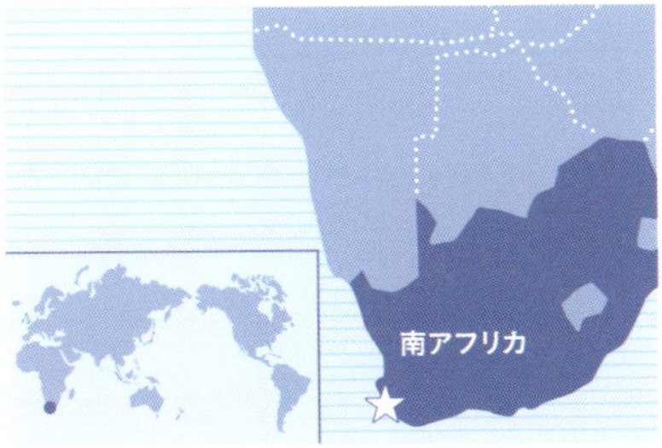

★ベストシーズン
1 2 3 4 5 6 7 8 9 10 11 12 月

★言葉／英語、アフリカーンス
★日本からのアクセス／アジアや中東の都市で乗り換え、南アフリカのヨハネスブルクへ。ここで再度乗り継ぎケープタウンまで、乗り継ぎ時間を含め約27時間。空港から町へは車で30分ほど。

旅のヒント
ヨーロッパからの移民の文化が根付いており、物価が安い割にレストランのレベルは高く、おいしいワインも豊富な国。特にケープタウンは、絶景が楽しめるだけでなく、グルメにもうれしい町です。

山の麓に広がるケープタウン。2010年のサッカーワールドカップ会場となったスタジアムが見える

I

BLUE

多《た》依《い》樹《じゅ》梯《てい》田《てん》

Rice Fields Duoyishu

雲海の中に浮かび上がる大きな龍のような棚田

雲南省南部の元陽には、天まで届くといわれる棚田があります。少数民族のハニ族が山の斜面に開いた棚田は雲海が発生する高地にあり、有名なのが老虎嘴[ろうこし]梯田、壩達[バーター]梯田、多依樹梯田の3つ。なかでもこの多依樹梯田は、朝日に映える場所として知られています。

収穫を終えた棚田に水が入ると、今までに見たことがないような風景が現れます。日が差すと、一面に広がる棚田の水がきらきらと輝き出すのです。光る棚田は一つひとつは小さく、ここでは「龍のうろこ」にたとえられています。

夜明けとともに、刻々と色を変えていく多依樹梯田。その姿は、まさに龍がそこに生きているかのようです。

稲が植えられる前、棚田に水が張られた時期がベストシーズン

★ベストシーズン

1 2 3 4 5 6 7 8 9 10 11 12 月

★言葉／中国語

★日本からのアクセス／北京または上海乗り継ぎで雲南省の昆明へ。南バスターミナルより元陽行きバスに乗り、所要約7時間。または建水行きバスに乗り、建水で元陽行きバスに乗り換え、約3.5時間。

旅のヒント

棚田観光の起点は元陽新街鎮です。山上にある新街鎮には週に1回ほど市が立ちます。その日は周辺に住むハニ族、イ族、タイ族などの少数民族が集まり、小さな町が民族衣装で埋め尽くされます。

神秘的に彩られたモスク内の色は
他では見られない不思議な青

I
BLUE

ブルーモスク

Blue Mosque

旅の予算
10万円～
(5日間のツアー料金)

世界唯一の６本のミナレットをもつモスク
周辺はアヤ・ソフィア博物館やトプカプ宮殿がある歴史地区

1
BLUE
ブルーモスク
Blue Mosque

天から降り注ぐ光が神聖なモスクの内部を青に染める

「ブルーモスク」の名で親しまれているスルタンアフメット・モスクは、イスタンブールの旧市街にあります。オスマン帝国皇帝の威光を見せつけるために、建築に7年の歳月をかけた巨大なドームと6本のミナレット（尖塔）は、見るものを圧倒する巨大さ。モスクの中に入ると、その天井の高さに声もでません。

そのスケールに馴染むと、今度は内部の装飾の素晴らしさに目が釘付けになります。内部を飾るのは、白地の壁に飾られたコバルトブルーのタイルとイスラム建築らしい美しいモザイク。それらの装飾が、ステンドグラスを通した優しい光の中で、神々しく、あるいは妖しげに、ドームの空間を青くしていきます。

★ベストシーズン
1 2 3 **4** **5** **6** 7 8 **9** **10** **11** 12 月

★言葉／トルコ語

★日本からのアクセス／直行便もしくは経由便でイスタンブールへ。空港からタクシーで約30分、地下鉄を利用するなら終点のアクサライでトラムに乗り換え、スルタンアフメット駅から徒歩3分。

旅のヒント
現在も宗教施設として使用されているので、観光客は礼拝時間には入れません。入れる時間は1日3回なので、うまく調整しましょう。服装規制があり、女性はスカーフ着用ですがなければ貸してくれます。

青が映える美しさのイズニックタイル
モスク内部には2万を超えるタイルが使われているという

1
BLUE

ハロン湾
Ha Long Bay

旅の予算
5万円〜
（4日間のツアー料金）

天気や時間帯でその印象が変わる波静かな湾に林立する奇岩群

船がハロン湾の中に進んでいくと、様々な形の奇岩が海に突き出ているダイナミックな景観が目の前に広がります。その岩の数は3000ともいわれ、その中でも特徴的な岩には、形に由来した名前が付けられています。

晴れた日には青い海と岩のコントラストが一層美しく、また曇りや雨の日なら霞みがかった幻想的な景色を楽しむことができます。船の上から刻々と変化していく風景を眺めていると、まったく飽きることがありません。

石灰岩層の大地が沈降し、雨や風、波、そして長い歳月が造り上げた奇跡の風景。島や岩の一つひとつが、まさに自然の芸術品です。

★ベストシーズン

1 **2** **3** **4** 5 6 7 8 9 10 **11** **12** 月

★言葉／ベトナム語

★日本からのアクセス／ベトナムのハノイまで直行便で約6時間。複数の航空会社が路線を持っている。ハロン湾クルーズの出発地バイチャイまでは、ハノイからバスを使って3時間ほど。

旅のヒント

風光明媚なハロン湾は映画のロケ地としても人気があります。トラン・アン・ユン監督「夏至」や、フランスの名女優カトリーヌ・ドヌーヴ主演「インドシナ」の中でも印象的なシーンで登場しています。

船から眺める奇岩は迫力満点
クルーズのツアーなら鍾乳洞も観光できる

雪解けの水が蒸発して水位が低くなると
このような不思議な水玉模様が出現する

旅の予算
22万円～
（6日間のツアーと
現地発ツアーの合計）

1
BLUE

スポッテド湖
Spotted Lake

水玉模様の不思議な湖は先住民の聖なる場所

この地域に住む先住民は、昔からここの水を「聖水」と呼んでいました。カナダ西部ブリティッシュコロンビア州にあるこの湖には、山の中にありながら流れ出す川がありません。湖水は長い時間をかけて徐々に蒸発していき、後には非常に高い濃度のミネラル分を含んだ水溜りが、水玉模様（スポッテド）のように広がる不思議な風景が作られました。

この湖があるのはロッキー山脈の西側にあるオカナガンバレー。バレーといっても細長い盆地のようなところです。周辺にも湖があるのですが、なぜかここだけが流出する川がなく、現在のような姿になっています。やはり聖なる場所には不思議な力が働くのでしょうか。

★ベストシーズン
1 2 3 4 5 6 7 8 9 10 11 12 月

★言葉／英語

★日本からのアクセス／カナダ西海岸の中心地バンクーバーまでは、日本から約9時間。湖の最寄りの町であるオッソヨスまで、バンクーバーから小型飛行機で約1時間、車なら約4時間半のドライブ。

旅のヒント
この湖があるオカナガンバレーは、カナダ有数のワインの産地。たくさんのワイナリーがあり、レストランや宿泊施設も充実しています。湖を見に行くだけでなく、ワイナリー見学も楽しいところです。

青だけでなく緑や黄色の水溜りもある
湖水は塩分だけでなく銀など金属も含んでおり、それが複雑な色が見える理由のひとつ

I
BLUE

アルベロベッロ
Alberobello

旅の予算
13万円～
（7日間のツアー料金）

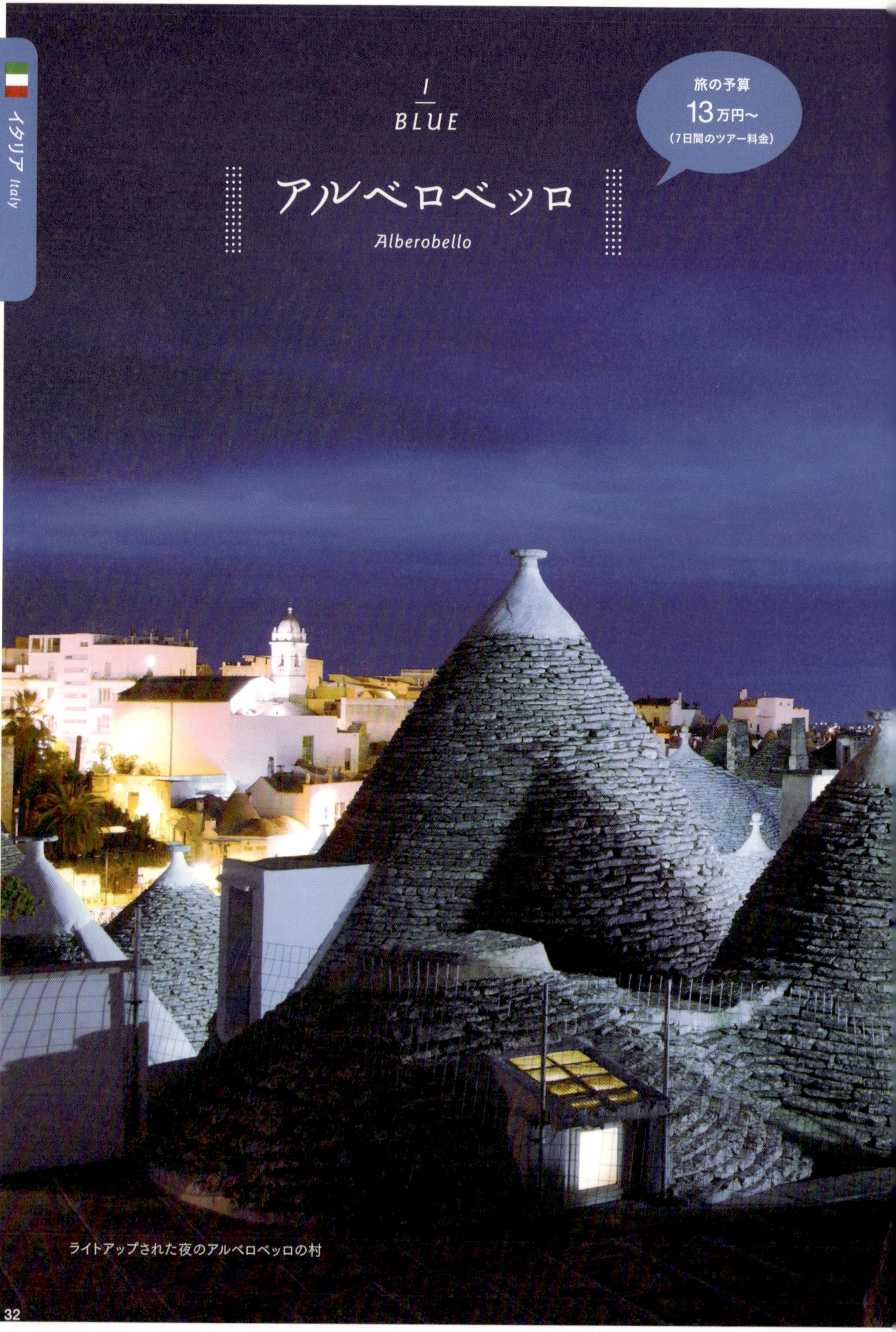

ライトアップされた夜のアルベロベッロの村

円錐形の屋根が並ぶ不思議な町 石積みの家には生活の知恵が

石を積み重ねた円錐形の屋根の家並みは、タジン鍋をいくつも並べたような不思議な風景です。ここはイタリア南部の小さな村、アルベロベッロ。16世紀に農地を開墾するために建てられた40軒の家から始まり、100年間に1000軒もの石の家が建設されました。イタリア語で「トルッロ」とよばれるこの家は、平らに加工した石灰岩が積まれています。

屋根が丸いのは、石を積んで造る建物の強度を高めるため。その石は細かくカットされています。屋根に降った雨は床下に集められるように設計されていて、生活水に使われます。一見するとおとぎの国に登場するような村ですが、しっかり生活の知恵が息づいているのです。

★ベストシーズン

1 2 3 4 5 6 7 8 9 10 11 12 月

★言葉／イタリア語

★日本からのアクセス／空路ローマ、ミラノ、トリノ、ヴェニスなどへ飛び、国内線に乗り継いでバーリへ。バーリ中央駅から私鉄SUD-EST鉄道（FSE）で所要1時間半。

旅のヒント

トルッロが密集しているのは、モンティ地区とアイアピッコラ地区です。モンティは土産物屋などが並んだ商業地区で、アイアピッコラは洗濯物がひるがえる居住地区です。こちらはできるだけ静かに観光しましょう。

隣接するアメリカのアラスカ州を通り
海に流れ込む巨大な氷河

旅の予算
40万円～
（9日間のツアー料金）

1
BLUE

クルアーニー国立公園

Kulani National Park

空から見る氷の河で
地球の大きさを実感！

約1万年前の最終氷河期には、北米大陸とヨーロッパの大部分は氷に閉ざされていました。その氷河の残滓《ざんし》が眺められるところがここ。極地（北極圏と南極圏）を除くと世界最大の氷床があります。

この広大な氷床とカナダ最高峰のローガン（標高5959m）を擁する山脈を含む広大なエリアが国立公園に指定されていて、手つかずの大自然の中でハイキングやフィッシング、カヌー、キャンプなどが楽しめるスポットになっています。ここで一番人気のアクティビティは遊覧飛行。壮大なスケールの自然を実感するには空から眺める以外の方法はありません。上空から見ると氷河が「氷の河」であることがよく分かります。

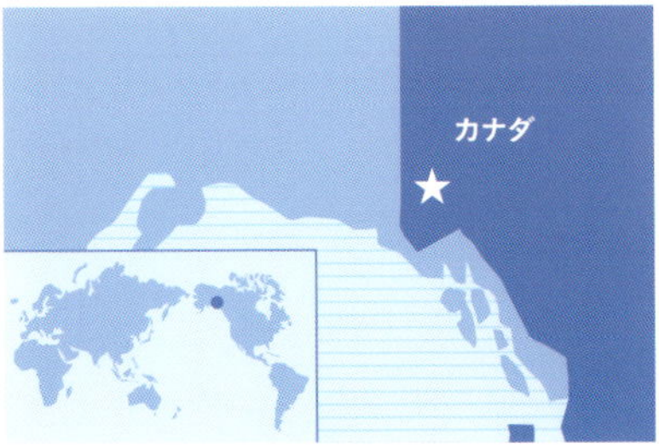

★ベストシーズン
1 2 3 4 5 **6** **7** **8** **9** 10 11 12 月

★言葉／英語

★日本からのアクセス／カナダ西海岸のバンクーバーで乗り継ぎ、ユーコン準州のホワイトホースへ（所要約14時間）。ここから公園の入り口のヘインズジャンクションまで車で1時間の距離。

旅のヒント

ヘインズジャンクションに遊覧飛行を主催する会社がいくつもあります。空港までの送迎付きのツアーなので車がなくても大丈夫。ここは夏が一番いいシーズンですが、秋から冬の間はオーロラが楽しめます。

周辺には標高5000mを超える高峰が集まり
自然環境の厳しさは北極や南極に劣らないほど

ブルーホール（ベリーズ）

LIGHT BLUE

ストレスを「洗い流す」水色の絶景

青色と同じく精神を鎮める効果があるのがライトブルーです。ただ、ライトというだけあり、そこに「優しさ」が含まれているのがポイントです。流れるように、ゆるやかに、私たちのストレスを洗い流してくれるのが、水色の絶景です。

旅の予算
20万円〜
（6日間のツアー料金）

2
LIGHT BLUE

ラップランド

Lapland

漆黒の空を彩る光のカーテン 宇宙の波動、オーロラを体験

星が輝く夜空に薄いベールが下りてきます。あるいは一筋の弱い光が、だんだんと幅を広げることもあります。音もなく始まるオーロラ現象。空を覆い尽くすように激しく動く光もあれば、形を変えない静かな光もあります。その色はほとんどが薄い緑。赤やピンクが混じることもあります。月の光などの影響で、紫や青に見えることもありますが、いずれも地上のどんな色とも異なる気がするのは宇宙の色彩だからでしょうか。

オーロラは、高緯度のエリアで頻繁に見られる自然現象。ヨーロッパでは、北欧の最北部ラップランドが最適。スキーや犬ゾリなどのウインタースポーツも楽しめるリゾートがいくつもあります。

光と色のスペクタクルは一生の思い出になるはず

★ベストシーズン

1 2 3 4 5 6 7 8 9 10 11 12 月

★言葉／フィンランド語

★日本からのアクセス／直行便でヘルシンキへ行き、国内線に乗り継いでサーリセルカ、レヴィなどへ（所要11〜12時間）。オーロラ観察は郊外で行うのでツアーを利用するのが便利。

旅のヒント

オーロラ観察は運と粘りが必要。出るか出ないかは運次第。見られるかどうかは、どれだけ長く夜空を眺めていられるかだからです。マイナス20〜30度の中、数時間外にいられるようしっかり防寒対策をしましょう。

町の中心サンマルコ広場の対岸にある
サンタ・マリア・デッラ・サルーテ教会

旅の予算
17万円～
(5日間のツアー料金)

2
LIGHT BLUE

ヴェネツィア

Venice

存在そのものが物語になる美しき水の都

「水の都」と呼ばれる水辺の町は世界に数多くありますが、この町に勝るところはないでしょう。水面に浮かぶように重厚な石造りの建物が密集する様は、おとぎ話の世界そのものです。

もともとアドリア海の最深部の干潟に大量の木の杭を打ち込み、その上を石で固めて基礎にして、石造りの都市を築いたのがこの水上都市。大小177の島々が400ヵ所といわれる橋でつながり、縦横に走る運河と細い路地が迷路のように広がっています。ここではあてもなく町をさまよってみましょう。橋を渡るたびに、路地の角を曲がるたびに、異なる世界が目の前に広がります。まるで不思議な物語の舞台に足を踏み入れたような感覚です。

★ベストシーズン
1 2 3 4 5 6 7 8 9 10 11 12 月

★言葉／イタリア語

★日本からのアクセス／直行便で約13時間。世界的な観光地なのでヨーロッパの主要都市からも多数の便がある。空港から町中までは、バスまたはボートを使う。島といっても鉄道の利用も可能。

旅のヒント

煌びやかな衣装と仮面で知られるカーニバルは一年でも最も賑やかなイベント。例年2月末から3月初めまでの2週間行われます。この時期どこもホテルは予約でいっぱいですが、本土側には空きがあることもあります。

上／町中の橋は形や大きさも様々
下／大きく蛇行して流れる運河カナルグランデは町の大通り

2

LIGHT BLUE

ブルーホール

Blue Hole

旅の予算
25万円〜
（ベリーズシティまでの航空券と現地発ツアーの合計）

サンゴ礁の海にぽっかりと空いた大きな穴
周辺一帯は国立公園となって自然が保護されている

海に落ちた滴のように
青く空いた神秘の穴

　エメラルドグリーンの水に濃い青の絵の具の滴を垂らしたような風景。サンゴ礁が広がる海にぽっかり空いた穴。上空からしかその全容を見ることができない、美しくも不思議な光景です。

　カリブ海にあるブルーホールは、洞窟や鍾乳洞などがあった石灰質の陸地全体が沈降して海底に沈んだもの。世界にはこうしたブルーホールがいくつかありますが、そのなかでも直径300m、深さ120mという最大のものが、中米のベリーズ沖にあります。海に潜ると、水深30mぐらいのところが、かつての鍾乳洞の天井だったことが分かるでしょう。海の中で鍾乳石の柱が何本も吊り下がっている景色もまた、とても神秘的です。

★ベストシーズン
1 2 3 4 5 6 7 8 9 10 11 12 月

★言葉／英語

★日本からのアクセス／直行便はなく、北米の諸都市で乗り継ぎ、ベリーズシティへ。乗り継ぎ時間を入れて14～16時間。そこから観光の起点となる島々への国内線やボートに乗る。

旅のヒント
　ブルーホールの全体像を見るには、ベリーズシティ発のセスナによる遊覧飛行がいいでしょう。1時間で200～400USドル（人数による)。船で向かい、シュノーケリングやダイビングを楽しむツアーもあります。

早朝の湖は深い青。この色が日が昇るにつれ
だんだん明るい青になり、透明感も増していく

旅の予算
18万円～
（7日間のツアー料金）

2
LIGHT BLUE

モレーン湖
Moraine Lake

ロッキーの至宝は
岩峰に囲まれた清冽な湖

カナディアンロッキーには印象的な湖がたくさんあります。世界的に見ると、湖畔に豪華なホテルが建つルイーズ湖が有名ですが、そのすぐ近くにありながら、美しさでは、勝るとも劣らないのがこの湖。特にその透明度の高さはロッキー随一で、湖面に浮かぶカヌーが、まるで空中に漂っているように見えるほどです。

かつてカナダの紙幣にも描かれたことがある、ギザギザの峰が並ぶ「テンピークス」を湖越しに見る場所が、最も美しく湖が見えるポイント。そこまでは簡単なハイキングです。時間があればカヌーを借りて湖面に漕ぎ出してみましょう。湖底の倒木がはっきりと見える、その恐ろしいほどの透明度が実感できます。

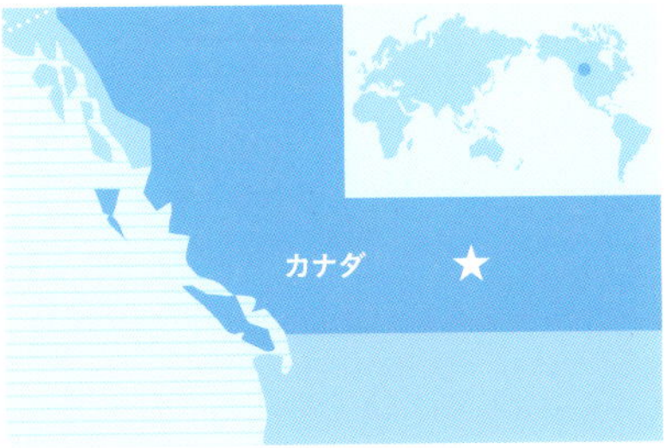

★ベストシーズン
1 2 3 4 5 **6** **7** **8** 9 10 11 12 月

★言葉／英語

★日本からのアクセス／成田からカナディアンロッキーの玄関、カルガリーまで直行便で9時間半。カルガリーからツアーバスで2時間半。レンタカーを利用する人も多い。

旅のヒント

ここを訪れるなら遅くても午後2時くらいまでに。湖面が一番美しく見えるのは、太陽が頭上にある時なので、写真もきれいに撮れます。午後遅くなると湖の向こうに太陽が行ってしまい逆光になります。

上／湖を取り囲むように聳えるテンピークス
下／湖を歩いて一周することはできないが
カヌーを借りて湖面から景色を楽しむことができる

宿泊施設のないような小さな島でも近くの島から
船で訪れることが可能

旅の予算
16万円～
（5日間のツアー料金）

2
LIGHT BLUE

北マーレ環礁
North Male Atoll

1島1リゾートが基本の島で美しい海を独り占めしたい

モルディブはインド洋にある26の環礁と約1200の島々からなる国。最大の島でも面積は約5.8㎢（東京都千代田区の半分）しかなく、国土の最も高い標高地点（海抜）が2.4mという世界一低い国でもあります。有人島の数は約200。ほとんどが小さな島なので、多くは空港の島、刑務所の島、工場の島といった具合で、ひとつの島がひとつの機能を持っていることが多いようです。

観光がおもな産業であるこの国では、同様にひとつの島にひとつのリゾートが基本。歩いて10分で一周できてしまうような小さな島に、贅沢なリゾートが造られていて、限られた人だけが楽しめる、静かで美しい海が広がっています。

★ベストシーズン
1 2 3 4 5 6 7 8 9 10 11 12月

★言葉／ディベヒ語

★日本からのアクセス／コロンボ、シンガポール、クアラルンプール乗り換えでモルディブ、マーレ空港まで所要11～15時間。そこから各島へはスピードボートを使う。

旅のヒント

超高級からカジュアルまで、島によってリゾートのグレードや雰囲気（もちろん料金も）にかなり幅があります。スピードボートはけっこう揺れます。船に弱い人は空港からあまり離れていない島がよいでしょう。

海の美しさでは世界のビーチリゾートの中でもトップクラス

PURPLE

ヴァレンソール高原（フランス）

PURPLE

「内省」を促す紫の絶景

高貴で神秘的なイメージがあるパープル。印象そのままに、
この色は体を休ませると同時に、精神を研ぎ澄まさせ、
意識を自然と内に向けてくれます。紫の絶景の中に身を置けば、
自分の過去・現在・未来の姿を静かに見つめることができるかもしれません。

7月の中旬にはヴァレンソールの村で
ラベンダー祭りが開かれる

旅の予算
20万円～
（航空券、5日間の宿泊代
レンタカー代の合計）

3
PURPLE

ヴァレンソール高原

Valensole Plateau

写真を撮るなら、昼間より朝や夕の
日が傾いた時間帯のほうが色鮮やかになる

3

PURPLE

ヴァレンソール高原

Valensole Plateau

初夏のプロヴァンスの高原が ラベンダーの色と香りに包まれる

初夏の強い日差しと青い空の下、地平線まで続く紫色の畝。南仏プロヴァンスの郊外に広がるラベンダー畑に立っていると、乾いた風が淡い花の香りとミツバチの羽音を運んでくれます。

標高600m、石灰質の乾いた大地が広がるヴァレンソール高原は、北にアルプスの峰が遠望できる美しい土地。ラベンダー畑ばかりが広がっているのは、土地が痩せていて他の作物が作りにくいためですが、そのおかげでこの壮麗な紫の世界を眺めることができるのです。

ラベンダーの収穫時期は7月の後半。その年の気候によって時期は多少前後しますが、確実に花を見たければ7月の半ばまでには訪れたほうがいいでしょう。

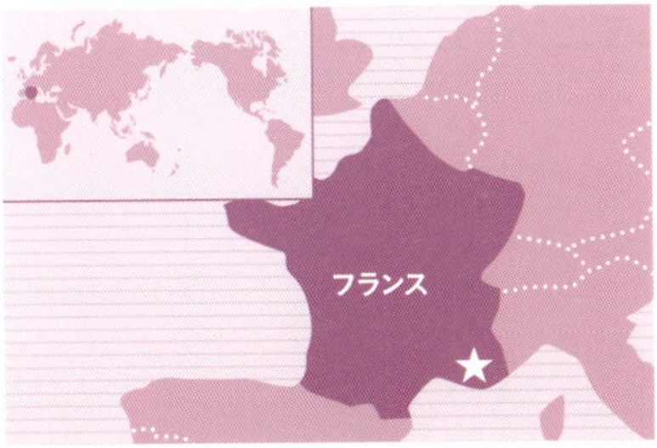

★ベストシーズン

1 2 3 4 5 **6** **7** 8 9 10 11 12 月

★言葉／フランス語

★日本からのアクセス／パリ、またはヨーロッパ諸都市で乗り継ぎ、最寄りの都市であるマルセイユへ。公共の交通機関がないため、レンタカーを利用する。国道A7を北へ約100km、所要およそ1時間半。

旅のヒント

せっかくプロヴァンスを訪れるのですから、素朴で滋味深いプロヴァンス料理を味わい、昔ながらの暮らしが続く村の風景も眺めてみたいもの。お土産にはラベンダー畑を飛び回るミツバチが作るハチミツがおすすめです。

1年の間にこの景色が見られるのはわずか2ヵ月弱

チューリップ以外にも様々な花が咲く園内
通路に敷かれたカーペットのような花畑もある

旅の予算
23万円～
（8日間のツアー料金）

3
PURPLE

キューケンホーフ公園

Keukenhof Gardens

花を愛するすべての人を虜にする 2ヵ月間限定の公園

春のオランダといえばチューリップ。様々なところで花を眺めることができますが、チューリップだけでなく、ヒヤシンスやスイセンなど、700万株以上もの花々で埋め尽くされるキューケンホーフ公園は、世界の花好きが集まるスポットです。

アムステルダムの郊外に広がる32ヘクタールの敷地を誇る公園は、一年のうちで春の球根花が咲く3月下旬から5月中旬までの約2ヵ月間のみの開園。それを逃したら、次のチャンスは1年後。期間限定オープンというのも、競って人が訪れる理由のひとつかもしれません。

自転車を借りて園内をサイクリングしながら眺めたり、ボートから花を愛でたりと、観賞の仕方はいろいろです。

★ベストシーズン
1 2 3 4 5 6 7 8 9 10 11 12 月

★言葉／オランダ語
★日本からのアクセス／アムステルダム・スキポール空港まで11時間半。開園期間中は空港から直通バスが運行。所要30分ほど。市内から行く場合、ツアーバスを利用したほうが効率よく安上がり。

旅のヒント
春のオランダを訪れたなら、ぜひ球根をおみやげに買って帰りましょう。球根は基本的に検疫の対象ですが、オランダ産のものは検査証明書が付いていれば、検査を受けずに日本に持ち込むことができます。

木々にようやく若葉が見えるようになる春先だけオープンする木立の葉はまばらでも、足下にはたくさんの花が咲き乱れる

旧市街にあるホーエンザルツブルク城から
新年を迎える花火が打ち上げられる

旅の予算
18万円～
（7日間のツアー料金）

3
PURPLE

ザルツブルク・新年の花火

Fireworks of Salzburg's New Year's Eve

音楽の都に響き渡るのは音楽と花火と教会の鐘

大晦日のカウントダウンといえば、ニューヨークのタイムズスクエアのものが有名ですが、ヨーロッパにはもっと派手に新年を迎える都市があります。

モーツァルトが生まれ育った町であり、夏には世界的な音楽祭が開かれる「音楽の都」ザルツブルクです。8世紀に今も町のシンボルといえる大聖堂が建設され、中世からは宗教都市として栄えてきました。美しい旧市街は1996年に世界遺産に登録されています。

大晦日、街角には優雅なワルツの調べが流れる一方、DJが盛り上げるロックやポップ音楽も聞こえ、教会の鐘が鳴り、花火が打ち上がります。もしかすると世界一賑やかな大晦日かもしれません。

★ベストシーズン
1 2 3 4 5 6 7 8 9 10 11 12 月

★言葉／ドイツ語

★日本からのアクセス／ヨーロッパの各都市で乗り継いで、ザルツブルク空港まで所要15時間。空港から市内はタクシーで15分。日本から直行便のあるウィーンやミュンヘンから鉄道を利用してもいい。

旅のヒント

クラシック音楽の町という印象がありますが、ここはあらゆるジャンルの音楽をリスペクトしています。落ち着いた雰囲気もいいですが、町全体がパーティー会場のようになる大晦日は特別な日です。

3

PURPLE

バンドンビーチ

Bandon Beach

旅の予算
18万円〜
（航空券、5日間の宿泊代、レンタカー代の合計）

太平洋に沈む夕陽を眺めるベストビーチ

アメリカの西海岸には、海岸線に沿って北のシアトルから南のサンディエゴまで、PCH（Pacific Coast Highway）と呼ばれる道があります。“ハイウェイ”といっても片側が何車線もあるような幅の広い高速道路ではありません。海沿いの小さな町を通り過ぎ、ときに山の中や海岸線すれすれを走る道。全行程を走破するには1週間はかかるといえ、ドライブには最高の道路です。

すばらしい景色が続くこの道のなかで、沿道のベストスポットをひとつ挙げるならば、このビーチになるでしょう。日没前後、太平洋に沈む夕陽を背景に、シルエットになった岩の不思議な美しさを撮影するために、ビーチにはカメラマンが並びます。

日没後のバンドンビーチ。日没前の20分と沈んだ後の20分が特に絵になる時間帯

★ベストシーズン

1 2 3 4 5 6 7 8 9 10 11 12 月

★言葉／英語

★日本からのアクセス／最寄りの国際空港があるポートランドまで直行便で所要約9時間。そこから車で4時間30分。所要時間は倍以上の9時間かかるものの、サンフランシスコから北上も可能。

旅のヒント

長距離バスで近くの町まで行くこともできますが、やはりレンタカーを使って、好みの場所を探すのがいいでしょう。市街地を出てしまえば交通量も多くなく、初心者でも運転は難しくありません。

夕日に染まる山肌と満月の競演
アルプスの美しさを再認識する瞬間

旅の予算
18万円〜
(6日間のツアー料金)

3
PURPLE

チロルアルプス

Tyrolean Alps

雄大な山々に抱かれて スキーやハイキングを楽しむ

昔から山は魔物が棲む場所として恐れられ、神が宿る神聖な場所として崇められてきました。修行者や巡礼者など、限られた人だけが立ち入ることのできる特殊な土地だったのです。一般の人が山登りを楽しんだり、景色を愛でたりするようになったのは19世紀後半から。まだ100年ほどしか経っていないのです。

山を楽しむという意味の「アルピニズム」という言葉から分かるように、山岳観光の発祥地はアルプス。東西1200kmの山脈各地にアルペンリゾートが点在しています。チロルはオーストリアアルプスを代表するリゾート。冬はスキーリゾートとして、雪のない時期はハイキング天国として世界中から人が訪れます。

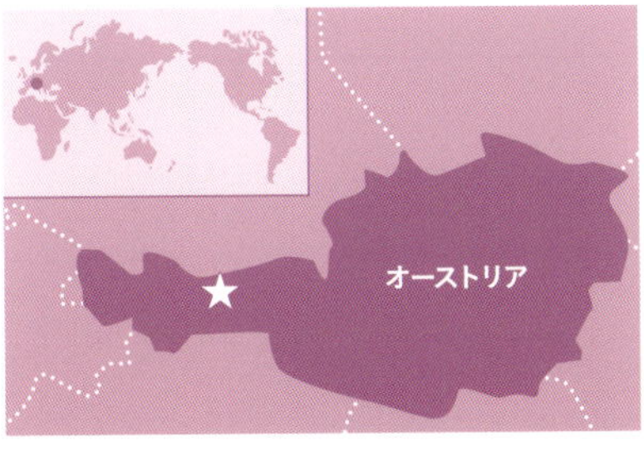

★ベストシーズン
1 2 3 4 5 6 7 8 9 10 11 12 月

★言葉／ドイツ語

★日本からのアクセス／直行便がある隣国スイスのチューリヒやドイツのミュンヘンまで12時間半。そこからチロル州の州都インスブルックまで、鉄道でそれぞれ約4時間と約3時間。

旅のヒント

インスブルックは冬季オリンピックが開催されたこともある、ウィンタースポーツの拠点。夏のハイキングも盛んで、周辺には初心者から上級者まで楽しめる総延長3500kmにもおよぶコースが整備されています。

アルプスへの日本からの旅行者は
夏の時期が一番多いが
アルペンリゾートが一番賑わうのは
雪に覆われた冬のシーズン

広場に敷き詰められたようにところ狭しと並ぶ屋台
電灯が灯り深夜まで盛り上がる

旅の予算
14万円～
（6日間のツアー料金）

3
PURPLE

マラケシュのスーク

Marrakech Souk

エキゾチックなアラブの空気
人々の熱気に包まれる広場と市場

アラブの活気を感じさせる町マラケシュで、異国の空気を一番実感できる場所が、メディナ（旧市街）中心にあるジャマ・エル・フナ広場でしょう。市民の憩いの場であり、「楽」と「食」がここに集結しています。

昼間のフナ広場は、伝統楽器を演奏するグループや大道芸人を一目見ようとする人だかりや、その横の巨大なスーク（市場）にやってくる地元の人々や観光客で賑わいをみせます。

夕暮れ時になると、郷土料理の屋台が並び始め、美味しそうな匂いに誘われて、さらに多くの人々が集まってきます。広場は深夜まで、人々の熱気と屋台の湯気で、あふれかえっています。

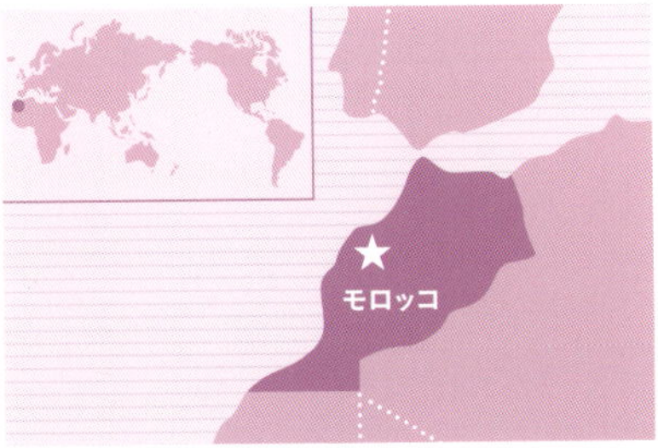

★ベストシーズン

1 2 **3** **4** **5** **6** 7 8 9 **10** **11** 12 月

★言葉／アラビア語、ベルベル語 、フランス語

★日本からのアクセス／ヨーロッパか中東で乗り継ぎ、マラケシュ空港へ。ヨーロッパ路線なら、KLMやエールフランスが便利。空港からフナ広場までは、公共バスもしくはタクシーで約15分。

旅のヒント

マラケシュは近代的なエリアと歴史的なエリアが入り混じった旅行者に人気の町。国内の他の地域へ向かう拠点にもなります。またハマム（モロッコ風呂）やリヤド（伝統的な宿）などモロッコらしい体験ができます。

夕日を浴びて淡く染まる広場。隣のスークは無数の小路がどこまでも続いている

3

PURPLE

ボロブドゥール

Borobudur

旅の予算
11万円～
（6日間のツアー料金）

千年の長い眠りから覚めた謎を秘める巨大な仏教遺跡

熱帯のジャングルに朝が訪れます。空から星々がだんだんと消えゆくと、眼下の密林を覆う白い霧が見えてきます。そして霧のベールの向こうにうっすらと大寺院の姿が現れます。

インドネシアのジャワ島中部にある仏教遺跡ボロブドゥール。この石造寺院の建設が始まったのは8世紀末のことでした。しかし完成後まもなく王朝が崩壊し、いつしかこの寺院は密林の土の下へと埋もれて行きます。永い眠りから覚め、この大寺院が発見されたのは、19世紀初頭のことでした。

霧の中から浮かび上がるその姿は、いまだに謎も多い遺跡のミステリアスな部分を象徴しているようです。

密林に囲まれた遺跡に朝が訪れる。ボロブドゥール遺跡を見下ろす丘から見る日の出も幻想的だ

ボロブドゥールが埋もれてしまったのは
王朝崩壊で放棄されただけでなく
付近の火山の影響によるものともいわれている

★ベストシーズン

1 2 3 4 5 6 7 8 9 10 11 12 月

★言葉／インドネシア語、ジャワ語

★日本からのアクセス／空路、ジャカルタかデンパサール乗り継ぎでジョグジャカルタへ。乗り継ぎ時間を入れて所要約11時間〜。そこからバスやタクシーで1時間半〜2時間の道のり。

旅のヒント

遺跡の上で日の出を見るツアーを、遺跡公園内にあるホテルが催行しています。暗いうちに寺院の頂上へ上り日の出を待ちます。少人数のツアーなので、朝の風景を静かに堪能できておすすめです。

町のシンボルともいえるのが18世紀初頭に建てられた
五層の屋根を持つニャタポラ寺院

旅の予算
24万円〜
（6日間のツアー料金）

3
PURPLE

バクタプル

Bhaktapur

静けさ漂うネパールの古都 郷愁を感じさせる街並みが魅力

カトマンドゥ盆地の朝。お寺で僧たちによる読経が始まります。太陽が昇るにつれて空の色は刻々と変わり、やがて雲ひとつない青空に。こんな日はヒマラヤの山々もはっきり見えることでしょう。

ここはネパールの首都カトマンドゥから東12kmにある古都バクタプル。18世紀に最盛期を迎えた町の中心は、王宮のあるダルバール広場。寺院に囲まれたトウマディー広場には、カトマンドゥ盆地で最も高いニャタポラ寺院があります。

レンガを積んで造った家々が続くバクタプルはどこか懐かしい風景。天気のいい1日の終わり、ヒマラヤの山に日が落ちるころ、カトマンドゥ盆地の空に再び色彩が広がっていきます。

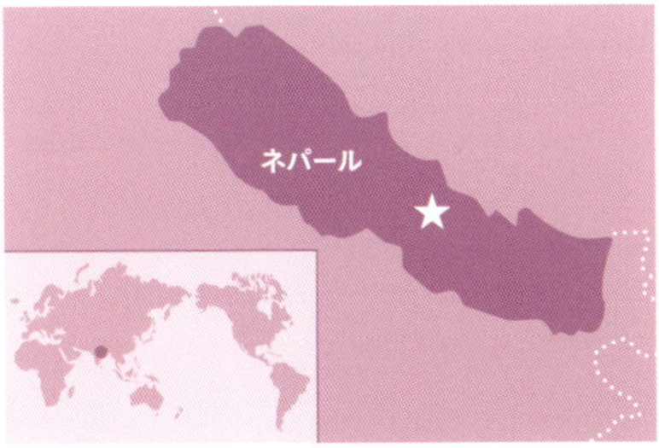

★ベストシーズン
1 2 3 4 5 6 7 8 9 10 11 12 月

★言葉／ネパール語
★日本からのアクセス／バンコクや香港などで乗り継ぎ、カトマンドゥへ。乗り継ぎ時間を入れて所要16時間〜。カトマンドゥからはミニバスで約1時間、タクシーなら約40分。

旅のヒント
昼間は観光客で賑わうバクタプル。静かな古都の雰囲気を味わいたいのならばここに1泊し、静かな朝夕に散策するのがおすすめです。バクタプルでは名物のヨーグルトを食べてみましょう。

町の中心ダルバール広場には
多くの寺院や仏塔が立ち並んでいる

3
PURPLE

ヨセミテ国立公園

Yosemite National Park

旅の予算
18万円～
（5日間のツアー料金）

自然保護運動の父が愛した アメリカを代表する国立公園

アメリカの自然保護運動の父と呼ばれたジョン・ミューアは、環境保護団体「シエラ・クラブ」の創設者。この名前はシエラネヴァダ山脈に由来します。ヨセミテ国立公園はこの山脈の一部にあり、ミューアが自然保護運動に立ち上がるきっかけとなった場所です。

氷河が後退した後にできたU字谷には、標高差1000m以上の断崖や数百mの落差の滝があり、また園内には50m以上の巨木が集まる森があり、その巨大さに驚かされます。一方で渓流や湖の穏やかな風景、湿原に咲く高山植物の花々には心が癒されます。ここを訪れてみれば、なぜミューアが自然保護に立ち上がったか理解できるかもしれません。

夕暮れ時紫に染まる空と、ヨセミテヴァレーを眺める

★ベストシーズン

1 2 3 4 5 **6** **7** **8** **9** **10** 11 12 月

★言葉／英語

★日本からのアクセス／日本から直行便のある最寄りの都市はサンフランシスコとサンノゼ。公園の入口までは、空港から車でそれぞれ4時間半と4時間ほど。サンフランシスコからはツアーバスも多数催行されている。

旅のヒント

日帰りツアーがたくさんありますが、丸一日かけてヨセミテにいられるのはせいぜい3、4時間。できれば園内や公園入口付近の町に宿をとって、朝夕の太陽が傾いた時間帯の風景を眺めてみたいものです。

PINK

ホワイトサンズ国定記念物（アメリカ）

PINK

ただただ「ハッピー」になる桃色の絶景

ハートマークはピンク色。このイメージはそのまま、
色の効果に直結しています。ホルモン分泌を活性化させるといわれている
桃色は人と人との距離を縮め、幸福感を高めてくれます。
優しい気持ちを取り戻したいとき、恋をしたいときに出合いたい絶景です。

ワインを溶かし込んだような色をした湖
浅瀬はソーダ分が結晶してできた幾何学模様がある

旅の予算
60万円～
（このスポットが含まれる9日間のツアー料金）

4
PINK

ナトロン湖

Lake Natron

フラミンゴの群れが集う 鮮やかな色彩の湖へ

暑く乾燥した大地溝帯の底に位置するナトロン湖。そこではエチオピアのダロール火山（P.172）と同じく、異次元のような光景に目を奪われます。

ナトロン湖の色彩は季節によって変化します。水の蒸発量が多い乾季には、湖一面が炎のように真っ赤に染まります。赤い色素をもつ好塩藍藻類が繁殖するためです。干潟にはソーダ分が結晶化してできた神秘的な幾何学模様が描かれます。

湖にはフラミンゴの群れが生息しています。フラミンゴがピンク色なのもこの藍藻類を食しているためです。

水温はときに60度にも達する過酷な土地ですが、空と湖がともに深紅に染まる夕暮れ時の美しさは奇跡的です。

★ベストシーズン
1 2 3 4 5 6 7 **8** **9** **10** 11 12 月

★言葉／英語、スワヒリ語
★日本からのアクセス／ヨーロッパ経由かアジア経由で、タンザニアのダルエスサラームへ行き、国内線に乗り継いでアルーシャへ。そこから車でマニャラ湖国立公園を経て約5時間。

旅のヒント
ナトロン湖周辺にはマニャラ湖国立公園、セレンゲティ国立公園、ンゴロンゴロ自然保護区など野生の王国が広がっています。国立公園に滞在し、サファリを楽しみながら、じっくり見て回るのがおすすめです。

ピンクとワインレッドがモザイク模様のように湖面に広がっている
自然の色彩の豊かさに感動する瞬間

川の中の虹が見られるのは乾季と雨季の狭間のわずかな間だけ

4

PINK

キャノクリスタレス

Cano Cristales

旅の予算

35万円～

（最寄都市までの航空券
現地発ツアー
〈2泊3日〉の合計）

小さな滝が赤く染まった水草で彩られる

4
PINK

キャノクリスタレス

Cano Cristales

自然が作りだした奇跡の光景
色彩が流れる虹の川

「虹がそのまま川になった」と形容される美しい川は、この世のものとは思えないような色彩に溢れています。

キャノクリスタレスはコロンビア中部を流れる全長100kmほどの川。1年の大半は何の変哲もない普通の川ですが、毎年乾季から雨季に変わる頃、川の水温に変化が起こるある期間に、突如としてマジックが始まります。

普段は緑の水草やほとんど色彩のない苔が、水温の変化とともに赤やピンク、黄色など様々な色へと劇的に変化します。青く澄んだ流れの中に、様々な色彩がまるでモザイク模様のように散りばめられた魔法の川。それが見られるのは1年のうちわずか2～3週間だけです。

★ベストシーズン

1 2 3 4 5 6 7 8 **9** **10** **11** 12 月

★言葉／スペイン語

★日本からのアクセス／空路ボゴタへ飛び、国内線に乗り継いでビジャビセンシオへ。そこからキャノクリスタレスが流れるシエラ・デ・ラ・マカレナ国立自然公園へのツアーに参加する。

旅のヒント

キャノクリスタレスが虹色になるのは、9～11月の2～3週間だけ。いつになるのかは乾季と雨季の変わり目にかかっていて誰にもわかりません。訪れる際は、現地の気候情報を十分にチェックする必要があります。

青空を写す静かな流れの下に赤とピンクの水草、黄色の苔がいっぱいに広がる

4
PINK

モノ湖
Mono Lake

旅の予算
20万円～
（航空券、5日間の宿泊代
レンタカー代の合計）

変幻自在に色彩を変える魔法の湖に不思議な石柱が並ぶ

アメリカ西海岸のカリフォルニア州の東側に連なるシェラネヴァダ山脈。緑豊かなこの山脈の東側には乾いた大地が広がっています。ここは巨大な盆地で、ここにある湖の多くが、流れ込む川はあっても流れ出す川がなく、しかも乾燥した土地のために蒸発が進み、湖のミネラル分が極端に高くなっています。

モノ湖はそんな湖のひとつ。湖の中や周辺に、ニョキニョキと地面から生えているような怪しげな石柱が立っているのですが、これはミネラル分が固まってできたものなのです。濃いミネラルのために魚は生息できません。そのため水はとても澄んでおり、美しさと不思議さを備えた風景を造りだしています。

★ベストシーズン

1 2 3 4 5 **6** **7** **8** **9** 10 11 12 月

★言葉／英語

★日本からのアクセス／公共交通機関がないのでレンタカーを使う。最寄りの空港はサンフランシスコ、またはロサンゼルス。所要時間はそれぞれ、約5時間と約6時間。

旅のヒント

　サンフランシスコからアクセスする場合、ヨセミテ国立公園を横断することになります。夏の間しかオープンしない峠道を通りますが、この峠周辺の湿原がとても綺麗なので、必ず立ち寄りましょう。

ミネラル分が固まった石柱「トゥーファ」が湖の景色をよりドラマチックにする

4
PINK

ロスロケス諸島

Los Roques Archipelago

旅の予算
20万円〜
（カラカスまでの航空券と2泊3日の現地発ツアーの合計）

「水晶の水」と呼ばれる海と海鳥たちの楽園がある島々

サンゴ礁の海に浮かぶ白い砂浜の島々。大小350以上の島々からなるロスロケス諸島は、南米のベネズエラ、カラカスの北にあるカリブ海に位置しています。

この場所が特別なのは、その海の色です。「水晶の水」と呼ばれるほど透明度が高く、海岸からサンゴ礁がきれいに透けて見えるほどです。

島では、自然保護に力が注がれ、観光客にも入島制限がありますが、サボテンやマングローブなどが生い茂り、海鳥の楽園でもあります。特に多いのがペリカンです。ロスロケス諸島の中で最も美しいというクラスキ島では、ペリカンが海で魚を捕まえるシーンを見ることもできるでしょう。

★ベストシーズン

1 2 3 4 5 6 7 8 9 10 11 12 月

★言葉／スペイン語

★日本からのアクセス／空路アメリカ経由でカラカスへ。カラカスから国内線でロスロケス諸島のエル・グラン・ロケ島へ。所要約35分。

旅のヒント

観光客が訪れる島はおもに3つです。玄関口はエル・グラン・ロケ島で、人が住んでいるのもこの島だけです。海がきれいでシュノーケリングを楽しめるのがフランスキ島。クラスキ島でもマリンスポーツが楽しめます。

透明度の高いコバルトブルーの海が広がるロスロケス諸島

4
PINK

ホワイトサンズ国定記念物

White Sands National Monument

旅の予算
25万円〜
（6日間のサンタフェへのツアーと
現地発ツアーの合計）

幻想的な白い砂漠
太古の湖底に風が吹く

「白砂」を謳っている場所は数多くありますが、誰もが納得する“純白”の砂が広がっているところには、なかなか巡り合いません。ここは世界でも珍しい石膏の砂漠。真っ白で驚くほど粒子の細かな砂が、一面に広がる貴重な場所です。

太古の昔、ここには外部に流れ出す川をもたない広大な湖がありました。周辺に降る雨や雪は、石膏質を溶かした水となって湖に溜まっていき、気候が変化し乾燥した土地になると、水分が蒸発し、かつての湖底は白い砂漠となりました。

真っ白な砂は、光線や天気の違いで様々な色に染められます。細かな砂と強い風が作る風紋に、夕陽の染められていく様は、この砂漠のハイライトです。

傾いた太陽の光が、白い砂漠をピンクから紫に染め上げる

★ベストシーズン

1 2 3 4 5 6 7 8 9 10 11 12 月

★言葉／英語

★日本からのアクセス／ロサンゼルス、ダラスなどの都市で乗り換えて、最寄りの空港エルパソまで所要約14時間。エルパソから車で約1時間30分。サンタフェなどからツアーもある。

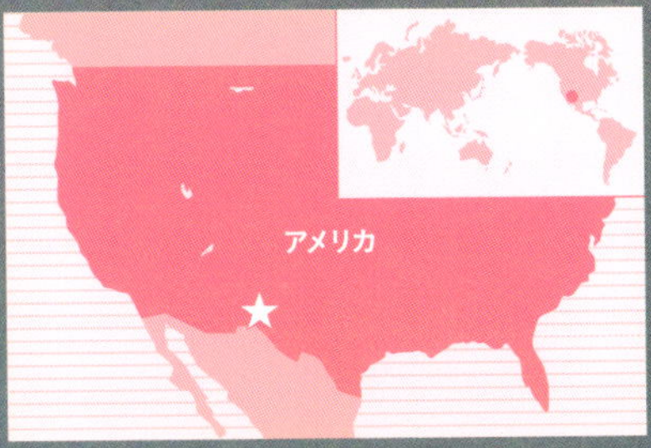

旅のヒント

保護区となっているのは、実は砂漠の4割ほどで、あとはアメリカ最大のミサイルの射撃場として軍の管理下にあります。決められたエリアから外れると、危険なものが落ちている可能性があるので注意。

旅の予算
38万円〜
（8日間のツアー料金）

4
PINK

レトバ湖

Lake Retba

イチゴミルクのような
ピンク色に染まる塩湖

別名「ラック・ローズ（バラ色の湖）」とも呼ばれるセネガルのレトバ湖。その色はイチゴミルクのようにおいしそうにも見えます。けれども、この水には海水の10倍にもおよぶ濃い塩分が含まれていて、とても飲めるものではありません。

湖の鮮やかな色は高濃度の塩分と、その塩分を好むドラリエラという藻の色素によるものです。魚は棲んでいません。地元の人たちは湖底に堆積した塩を採取し出荷しています。湖面の色が鮮やかなピンク色になるのは乾季の時期です。

高濃度の塩分を含むといえばイスラエルの死海が有名ですが、ここは死海よりも濃度が高いといわれています。泳げない人でも体がぷかぷか浮きます。

★ベストシーズン

1 2 3 4 5 6 7 8 9 10 11 12 月

★言葉／フランス語、ウォロフ語

★日本からのアクセス／アジアやヨーロッパの都市を経由して、セネガルの首都ダカールまで。約20時間。そこから車で約3時間。乗り合いバスやタクシーでもアクセス可能。

旅のヒント

セネガルは日本でも人気の保湿クリーム、シアバターの産地。価格も日本よりずっと安いのでお土産に最適です。レトバ湖で塩を採取する人たちも肌荒れを防ぐため、全身にシアバターを塗ってから水に入っています。

製塩は地元の重要な産業
湖底に堆積したピンクの塩を
採取して原料としている

映画のセットか別の惑星に来たのか、およそ自然の風景とは思えないレトバ湖

パステルカラーの家並みが斜面に連なる
町の外側にある市場では活発な取引が行われる

旅の予算
40万円～
（8日間のツアーの料金）

4
PINK

ガルダイア

Ghardaia

砂漠の涸れ谷に忽然と現れる時の止まった丘の町

小高い丘を埋め尽くすパステルカラーの家々、それを見下ろすように聳える頂のモスクの塔。11世紀に要塞都市として造られたガルダイアの風景は千年後の今もほとんど変わっていません。

サハラ砂漠北部のムザブの谷にあるこの町はかつてラクダによるキャラバンの寄留地として栄えました。いまも当時と変わらず厳しい戒律を守って生きる、ムザブ人たちが暮らしています。

旧市街に足を踏み入れれば、迷路のように入り組んだ小道が続き、ふいに市場やモスクが現れます。暑い昼下がりには人の姿も絶え、時の止まったような静けさが満ちわたり、中世にタイムスリップした気持ちになるでしょう。

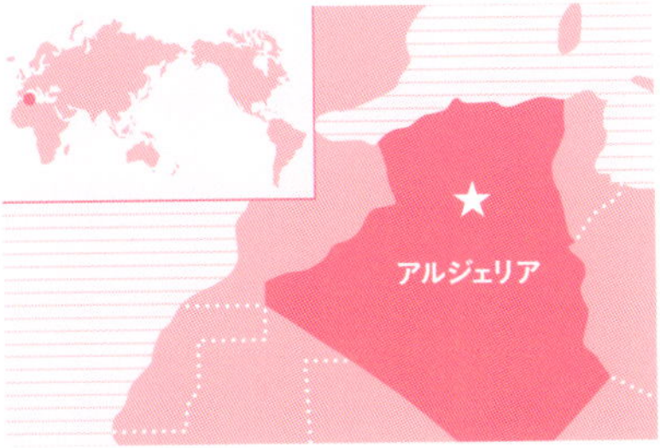

★ベストシーズン

1 2 3 4 5 6 7 8 9 10 11 12 月

★言葉／アラビア語

★日本からのアクセス／日本からの直行便はないので、中東やヨーロッパの諸都市で乗り継いで、アルジェへ。約20時間。国内線に乗り、ガルダイアまで約1時間。旧市街は歩いて回れる広さ。

旅のヒント

厳しいイスラムの戒律を今でも守り続けている町。旧市街ではノースリーブや短パンなど肌を露出した服装は避けましょう。人物撮影は禁止です。ただ親しくなった人に許可をとって写真を撮るのは問題ありません。

ガルダイアのあるムザブの谷は緑に覆われたオアシス
谷には他に4つの町がある

モニュメントヴァレー（アメリカ）

RED

赤の絶景は遺伝子レベルで求める「エネルギー」

赤ちゃんがその名のとおり「赤」色に反応するように、
人が最も認識しやすく、影響されやすいのがこのレッド。
赤色の絶景は交感神経にぐんぐんと働きかけ、私たちの体温を上昇させてくれるでしょう。パワーチャージしたいときにぜひ出かけてみてください。

上空から見るモニュメントヴァレー
標高は1500m以上あり、冬には降雪もある

旅の予算
20万円〜
（6日間のツアー料金）

5
RED

モニュメントヴァレー

Monument Valley

大西部のドラマチックな風景は先住民にとっての聖地

乾いた荒野に記念碑《モニュメント》のような岩山が点在しています。この地域は鉄分の多い地質のため、夕陽を受けると岩肌の赤が一層鮮やかになります。ここは多くの映画に登場し、アメリカのイメージとして真っ先に浮かぶ風景ではないでしょうか。先住民ナバホ族の居留地区内にあり、彼らにとって聖地であり、パワースポットになっています。

5000万年前、ここには砂岩の広大な台地がありました。火山の噴火で台地に大きな亀裂が入り、その亀裂は雨と風によって徐々に広がっていきました。長い歳月の間に、軟らかい岩山は風化で崩れ落ち、硬い岩は残りました。今、目の前にあるのは、かつての台地の一部なのです。

★ベストシーズン
1 2 3 4 5 6 7 8 9 10 11 12月

★言葉／英語

★日本からのアクセス／ロサンゼルス、サンフランシスコなどの都市で乗り換えて、ラスヴェガスのマッカラン国際空港へ（所要約15時間）。ラスヴェガスからは車で約7時間。ツアーも出ている。

旅のヒント

居留地区を巡るツアーがあるので参加してみましょう。四輪駆動車に乗ってたくさんのスポットを巡ります。ネイティブのガイドさんが、それぞれの場所にどんな聖霊がいて、どんな謂れがあるか説明してくれます。

3つのビュート（岩山）が並ぶ
モニュメントヴァレーで最も知られた景色
ビジターセンターのすぐ横から見られる

目の前でマグマが吹き上がるヤスール火山。夜は炎がひときわ美しい

旅の予算
38万円～
（7日間のツアー料金）

5
RED

ヤスール火山

Mount Yasur

眼前に吹き上がる真っ赤なマグマ 地球のエネルギーを体感する火山

激しい爆音、真っ赤に吹き上がるマグマ、震動する身体と大地。目の前で火山の活動を体験できることで有名なのが、このヤスール火山です。

南太平洋ヴァヌアツ共和国の島、タンナ島にあるこの火山は、標高361mと大きな山ではありません。10～15分おきに激しい爆音とともに溶岩が吹き上がってくるのですが、その火口まで観光客でも簡単に登ることができるので、「世界で最も火口に近づける火山」として知られています。昼間もいいですが、夜には流れ出る真っ赤な溶岩が鮮やかに見えます。

地球のエネルギーを、これほど直接的に全身で感じられるところは、このヤスール火山以外にはないかもしれません。

★ベストシーズン

1 2 3 4 5 **6 7 8 9** 10 11 12 月

★言葉／ビスラマ語、英語、フランス語

★日本からのアクセス／空路、シドニーなどオセアニアの主要都市から、ヴァヌアツのポートヴィラへ。ポートヴィラから国内線に乗り継ぎ、タンナ島へは約40分。空港から車で約2時間。

旅のヒント

噴火によるガスで火口が見えないことや、吹き上がった溶岩が落ちてくる危険もありますので十分にご注意を。不規則な固まった溶岩の上を歩きます。足下をしっかり確認して歩くこと。転んで大けがをする人が多いそうです。

天気のいい日に見ると、
時間によって刻々と色が変わるという

旅の予算
15万円～
（航空券、5日間の宿泊代
レンタカー代の合計）

5
RED

フライガイザー

Fly Geyser

乾いた平原に突然現れる 極彩色の間欠泉

温泉によって造りだされる奇景、絶景は世界のいたるところで見られます。ネヴァダ州北部の砂漠の真ん中にあるここも間欠泉によって造られました。ただ他の場所と異なる点があります。それはここが人の手によって造られたことです。

1916年に地熱エネルギー研究のために掘られた井戸が、偶然熱水源に当たってしまいました。研究終了後、井戸は放置されてしまったために、吹き上がる熱水に含まれるカルシウムなどの成分がどんどん蓄積されていきました。そして50年の歳月は不思議なドームを造りあげました。写真では巨大に見えますが、高さは3mほど。そこから1.5mほどの高さの間欠泉を、絶えず吹き出し続けています。

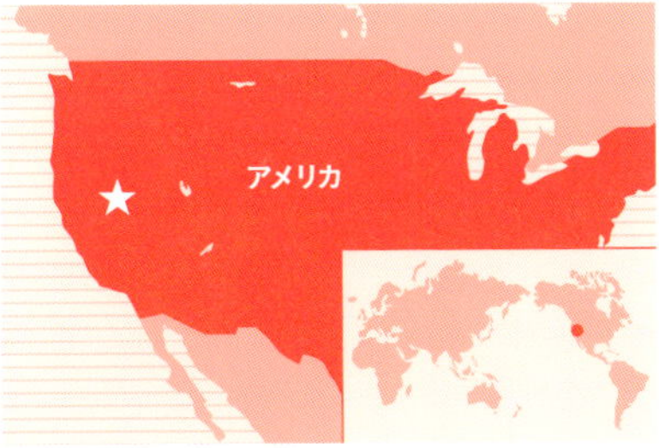

★ベストシーズン
1 2 3 **4** **5** **6** 7 8 **9** **10** 11 12 月

★言葉／英語

★日本からのアクセス／最寄りの大きな町はネヴァダ州のリノ。西海岸の主要都市で乗り継いで行くことができる。そこから車で2時間半。

旅のヒント
公共交通機関がないのでレンタカーを使います。ここは私有地内にあるため、すぐ近くに行くことができません。敷地の横を走る34号線に車を停めて、直線距離で1km弱離れた場所から眺めることになります。

周りに遮るものがなく、常に蒸気を
吹き上げているので見逃すことはない

冷えて固まった溶岩の表面に亀裂ができ
灼熱の光を放つ溶岩がそこからあふれ出す

旅の予算
60万円〜
（この場所が含まれる14日間のツアー料金）

5
RED

エルタアレ火山

Erta Ale Volcano

マグマが激しく渦巻く火口を地上から覗き込む不思議な火山

煮えたぎるマグマが轟音とともに飛び散る迫力ある風景を、これほど間近で見られるところは世界でも稀。「煙の山」を意味するエルタアレ火山は、創世時の地球を思わせるスケール感たっぷりの景観を満喫できる場所です。

火山はエチオピアの暑く乾燥した、ダナキル砂漠の中にあります。標高は613mで、地表に火口のある活火山の中では最も低いとされています。地下から噴き上げてくる新しいマグマが、冷えて黒く固まった地表のマグマの隙間からあふれ出してくる様子は圧巻です。

この火山が最も美しいのは夜。漆黒の溶岩湖に熱いマグマがオレンジ色に浮かび上がる様は、妖しく神秘的です。

★ベストシーズン
1 2 3 4 5 6 7 8 9 10 11 12月

★言葉／英語、アムハラ語

★日本からのアクセス／バンコクやドバイ経由でエチオピアのアディスアベバへ約20時間。国内線で北東部のメケレへ飛び、そこから四輪駆動車で火山の麓まで約6時間。山頂までは4時間の登山。

旅のヒント

ダナキル低地は日中の気温は40度に達します。登山は早朝出発か、あるいは夜中に登って山頂でマグマを見て、明け方に下山するのも可能です。暑い上、徒歩で往復8時間かかるので体力に自信のある方向けです。

高熱の溶岩の光が夜明け前の空を
鮮やかな赤に染め上げる
地球が生きていることを感じる瞬間

5
RED

旅の予算
19万円～
（7日間のツアー料金）

レッドビーチ

Red Beach

燃えるような赤紫の大海原に
真っ白なタンチョウヅルが舞い降りる

中国の東北地方に短い秋が訪れると、遼東湾に遼河が注ぐ河口付近の湿地帯は、一面赤紫色に変わります。見渡す限り同じ色に染まるのでレッドビーチと呼ばれています。

これは塩分濃度が高いところに生育するマツナという塩生植物の色によるものです。4月頃、生えてくるマツナは薄い赤色ですが、9月になると一気に鮮やかな赤紫色に変わります。

レッドビーチがある盤錦市はタンチョウヅルの最南端の生息地といわれ、赤紫の湿地帯でその姿を見かけることもあります。マツナの色が鮮やかに変わると、東北の人々は長く厳しい冬がもうそこまで来ていることを感じるのです。

朝晩、肌寒くなると、赤紫色に変わる湿地帯
一年草のマツノの命が燃え尽きる

マツナは塩分を含んだ土地に生育する植物
この赤くなった紅海灘のなかへ「九曲廊橋」と
呼ばれる橋を通って入ることができる

★ベストシーズン

1 2 3 4 5 6 7 8 **9** **10** 11 12 月

★言葉／中国語

★日本からのアクセス／北京か大連まで飛行機で飛び、そこから列車に乗り換える。大連駅から盤錦駅まで動力列車で約2時間、北京から盤錦駅までは約4時間。盤錦駅からはタクシーで約30分。

旅のヒント

赤紫色に染まった湿地帯は直に歩けませんが、湿地帯に突き刺さったような「九曲橋」の上から見学できます。レッドビーチがある遼河の河蟹は「上海蟹にも勝る」と言われるほど、おいしいことで有名です。

丹霞地形は中国南部に集中しているが
張掖丹霞地形は西北部のシルクロードにある

旅の予算
13万円～
（6日間のツアー料金）

5
RED

丹霞地形《たんかちけい》

Danxia landform

山肌に浮かび出る太古の記憶
今も留まる記憶を追いかけて

地層は地球の年輪。地表の様々な変化や変動が刻まれた記録がはっきり残った場所が中国にあります。各地層には赤い霞がかかったような色が残っているため、こうした地形を、中国では赤や茜色をさす「丹」を使い、丹霞地形と呼びます。

その中で最も美しいと言われているのは七色の地層を持つ張掖《ちょうえき》丹霞地形です。むきだしになった縞模様の地層は、虹色をしています。この色は地層に含まれた様々な鉱物の色が太陽の強い光に照らされたために現れたものです。

夕焼けと共に地層の赤が鮮やかに変わり、次第に赤一色に染まって、日が暮れていきます。遠い昔に時間が戻っていくかのような、ひとときを感じるでしょう。

★ベストシーズン
1 2 3 4 5 6 7 8 9 **10** **11** 12 月

★言葉／中国語

★日本からのアクセス／上海か北京で国内線に乗り換え蘭州《らんしゅう》へ。蘭州から列車で張掖へ。張掖西バスターミナルより粛南《しゅくなん》行きバスに乗って、南台村で下車し徒歩10分。

旅のヒント
張掖丹霞地形が最も美しく見えるのは、秋晴れの日の夕方です。甘粛省の張掖は冬の寒さの厳しいところなので、10月ともなると朝晩、かなり冷えます。羽織れるものを準備していきましょう。

貴州省赤水《きしゅうしょうせきすい》の丹霞地形
覆いかぶさってくるような赤い地形は迫力満点

ミクロネシア Micronesia

旅の予算
17万円〜
（5日間のツアー料金）

5
RED

ジープ島
Jeep Island

海に沈む夕陽と昇る朝日
そして満天の星空を楽しむ小島

真っ青な海にポツンと浮かぶ、白砂のビーチと椰子の葉が風に揺れる小さな島。多くの人の「南の島」のイメージそのものの景色がそこにあります。

島の名はジープ島。現在ここを借りている日本人が付けた名前が一般的に使われています。この島があるミクロネシア連邦は、東西約3000kmの範囲に大小607の島々で構成された国家。外国人は島を所有することはできませんが、借り受けることは可能で、島にあるゲストハウスは、日本人だけを受け入れています。海から上がって海に沈む太陽を眺め、周囲の海でダイビングを楽しみ、夜は満天の星空を眺めながら床に就く。夢の南の島の暮らしが味わえるところなのです。

真っ赤な夕陽をバックにした島のシルエットが美しい

★ベストシーズン

1 2 3 4 5 6 7 8 9 10 11 12 月

★言葉／スペイン語

★日本からのアクセス／グアム島、またはサイパン島で乗り換えて、ミクロネシア連邦ウェノ島にあるチューク国際空港へ。飛行時間は計5時間ほど。そこから車と船を乗り継いで1時間半。

旅のヒント

個人が管理しているロッジがひとつしかない島なので、自由に行くことはできません。島に行くにはパッケージツアーに参加するのが唯一の方法です。人数が集まれば島を貸し切ることも可能。

近くの展望ポイントから氷河を眺める
夕焼けで赤く染まった空に虹が現れた

旅の予算
23万円～
（航空券、5日間の宿泊代
レンタカー代、
ガイドハイキングの合計）

5
RED

マタヌスカ氷河
Matanuska Glacier

白い氷河を赤く染める
アラスカの夕焼け

オーロラ観測で世界的に知られるアラスカは、氷河観光でも世界随一の環境にあります。市街地から氷河までの距離が近く、楽しむ方法もいろいろ揃っています。海に崩れ落ちる氷河を近くで眺めたければ氷河クルーズがあり、シーカヤックに乗って海に漂う氷塊に触ることもできます。氷河の上で犬ぞりもできるし、もちろん氷河の上を歩いたり、氷の壁を登ったりすることも可能です。

このマタヌスカ氷河はアラスカ最大の都市アンカレジから車で2時間ほどのところにあり、氷河の上でハイキングが楽しめることで有名。ガイドがいるので初心者でもアイゼンを装着して、ベテラン登山家の気分が味わえます。

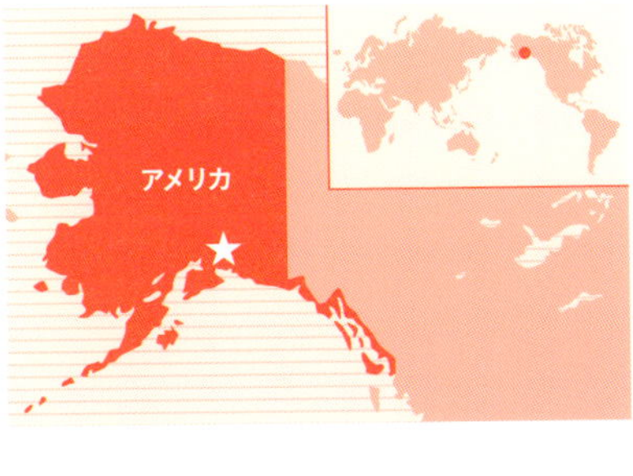

★ベストシーズン
1 2 3 4 5 **6 7 8 9** 10 11 12 月

★言葉／英語

★日本からのアクセス／チャーター便を利用したパッケージツアーに参加すれば直行便が使えて、アンカレジまで約6時間。シアトルで乗り継ぐ場合は、乗り継ぎ時間も含め所要約15時間。

旅のヒント
氷河の末端部分は私有地にあるので入場料が必要ですが、自由に歩き回ることができます。ただし氷河にはクレバスがあり危険なので、ツアーに参加してガイドと一緒に歩くことをおすすめします。

オーロラの活動が非常に盛んなときにしか見られない赤いオーロラ

石階段の脇には軒下に赤提灯を下げた店が並ぶ
台北市内から日帰りできる異国情緒あふれた町

旅の予算
6万円〜
（3日間のツアー料金）

5
RED

九份

Jiufen

レトロ感いっぱいの風情ある町
今も昔も変わらぬ美しい眺望

台湾北部の山の斜面に、細くて長い石階段が続く小さな町があります。その階段を上っていくと、次第に過去の世界に戻って行くような気分になります。曲がりくねった小路へ入ると、ノスタルジックな気分はさらに強まるでしょう。

山あいにある九份は、日本統治時代に金の採掘で栄えた町で、当時多くの家が造られました。しかし金鉱の閉鎖とともに町は衰退し、100年近く前の街並みが今も変わらず残されているのです。

階段通りを抜けると、展望台に出ます。晴れた日には遥かな山並みや海が、雨の降る日はおぼろげなベールに包み込まれた町が見渡せます。九份は、どんな天気にもよく映える町なのです。

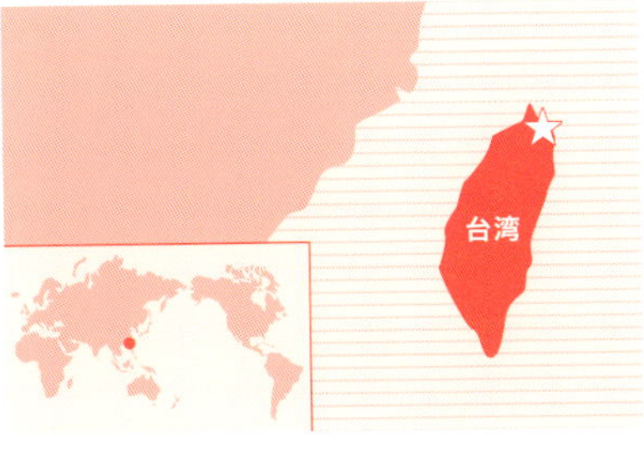

★ベストシーズン
1 2 3 4 5 6 7 8 9 10 11 12 月

★言葉／中国語

★日本からのアクセス／空路台北へ。空港から市内までは空港バスや電車、タクシーなどで約1時間。市内のMRT（地下鉄）「忠孝復興」駅前から九份行きの高速バスで所要 約1時間20分。

旅のヒント

階段通りから基山街や軽便路へ一本道を入ると、飲食店や台湾雑貨の店が並んでいます。名物のタロイモを使ったデザート・芋圓（芋団子）の食べ歩きも楽しく、茶芸館でゆっくりするのもいいでしょう。

夕暮れどきから夜にかけて提灯に明かりが灯るとさらにいい雰囲気に

高原には大小約7万の湖沼がある
湖面に映る紅葉も素晴らしい

旅の予算
20万円〜
（6日間のフリーツアーと現地発ツアーの合計）

5
RED

ローレンシャン高原
Laurentian Mountains

山全体が燃えるような鮮やかな紅葉が広がるリゾート

カナダ国旗に描かれる真っ赤な楓《かえで》の葉。きっとあれはローレンシャン高原の楓です。そう思えてしまうほど、この地の紅葉の美しさはカナダ随一。

カナダ第二の都市モントリオールの北に広がる高原は、カナダ東部で最も人気のあるリゾート。同じリゾートでも西部のロッキー山脈周辺は今も変化しつつある新しい土地ですが、ケベック州周辺は5億年以上前から変わらない、地球上で最も古い土地のひとつ。なだらかな山ばかりで迫力がないのは仕方ありません。

通年楽しめる場所ですが、9月終わりから10月半ばまでが紅葉の見ごろ。ロープウェイに乗って山の上から、あるいはボートの上から、楽しみ方は様々です。

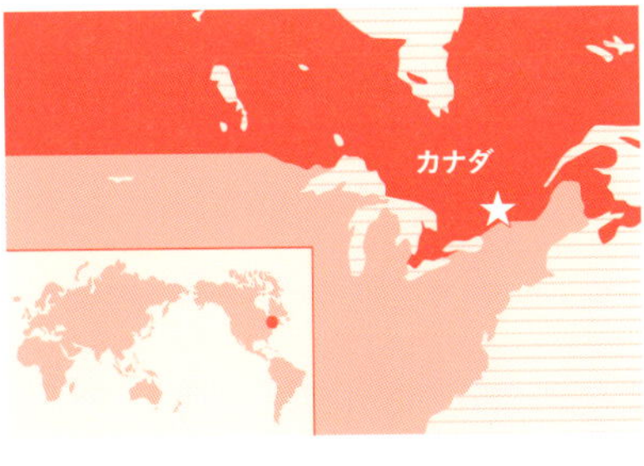

★ベストシーズン
1 2 3 4 5 6 7 8 **9** **10** 11 12 月

★言葉／フランス語、英語
★日本からのアクセス／カナダ、アメリカの主要都市で乗り換えて、モントリオールまで所要約15〜18時間。モントリオールからリゾートの中心モントランブランまで車で約2時間。シャトルバスも運行している。

旅のヒント
年によって紅葉の見ごろの時期は異なるので、事前によく確認しておきましょう。このエリアは北海道より北に位置しています。この頃になると朝夕の気温が氷点下になることもあるので、防寒対策が必要です。

美しく色付くメープル（サトウ楓）の葉
この周辺はカナダーのメープルシロップの産地

ORANGE

ドブロヴニク（クロアチア）

ORANGE

「生命力」を蘇らせる橙色の絶景

頭上にある太陽のように私たちを温かく包み、
前向きな気分にさせてくれるのがオレンジです。
食欲増進効果から、生きる力を湧き起こす
色ともいえます。気力が足りないとき、
ネガティブになっているとき、
生命力に満ち溢れた橙色の絶景を目にすれば、
気分ががらっと変わるでしょう。

天に向かって延びているような石の柱は
「フードゥー」と呼ばれている

旅の予算
14万円〜
(5日間のツアー料金)

6
ORANGE

ブライスキャニオン国立公園

Bryce Canyon National Park

朝夕に訪れてみたい 石柱が林立する不思議な谷

絶景を目にした時の反応は人それぞれ違いますが、初めてここを訪れた人の多くが「美しい！」より「なぜ、こんな景色が生まれたの？」と感じるようです。

実際、この景色が生まれる地質学的な謎はありません。ユタ州南部の台地の端にあるこの谷は、雨や雪や氷の浸食作用でこんな形になりました。ただそんな説明があっても目の前にある不思議な光景を理解するのはちょっと難しいでしょう。

今も谷の縁は50年で30cm後退しています。その変化を見ることはできませんが、一日の景色の移ろいはしっかり確認できます。特に朝夕の、無数の石柱と影が織り成す幻想的な風景は見逃せません。

★ベストシーズン
1 2 3 4 5 6 7 8 9 10 11 12 月

★言葉／英語

★日本からのアクセス／ロサンゼルス、サンフランシスコなどの都市で乗り換えて、ラスヴェガスのマッカラン国際空港へ（所要約15時間）。ラスヴェガスからは車で約4時間。ラスヴェガスからはツアーもたくさん出ている。

旅のヒント
谷の縁から眺めるだけでなく、無数の石の柱の間をぬって、たくさんのハイキングコースが作られています。初級者から上級者までトレイルの種類も豊富。下から見上げて不思議な景色を再確認してみましょう。

標高2000m以上あり冬は積雪もある
景色は綺麗だが観光には不向き

世界最大300mの高低差をもつデューン45が
日が傾くにつれて鮮やかなオレンジ色になる

旅の予算
34万円～
（7日間のツアー料金）

6
ORANGE

ナミブ砂漠
Namib Desert

ナミブ砂漠の砂はパウダーのように細かい
風が吹くと砂丘には美しい風紋が刻まれる

6

ORANGE

ナミブ砂漠

Namib Desert

夕映えに染まり波打つ
世界で最も美しい砂漠

ナミブ砂漠こそ世界で最も美しい砂漠だといっても過言ではないでしょう。300mという世界最大の高低差、風が作りだす柔らかで美しい曲線、そして波打ちながらどこまでもつづく砂丘。訪れた人は、その桁外れのスケールに圧倒されずにはいられません。

砂漠の美しさが最高潮に達するのは夜明けと夕方です。特に夕方、濃いオレンジ色に染まった砂丘が、やがて紫色に沈んでいく様子には言葉がありません。ここの砂は光をよく反射し、その輝きはひときわ鮮やかです。砂丘に登り、稜線の上で風を感じながら、日の出や日没を眺めるのも一興。季節によっては砂漠一面小さな花が咲くこともあります。

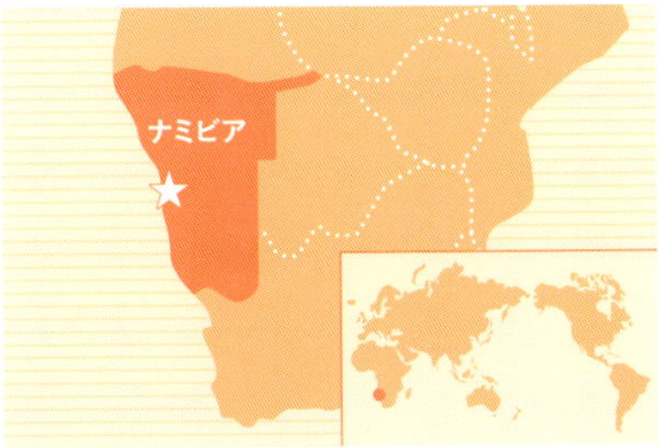

★ベストシーズン

1 2 3 **4** **5** **6** 7 8 9 10 11 12 月

★言葉／英語、ドイツ語、アフリカーンス

★日本からのアクセス／ケニア、南アフリカ経由でナミビアのウイントフックまで約25時間。そこから車で約6時間。大西洋岸のスワコップムントからだと車で4時間ほど。砂漠観光の基地となるのはセスリエム。

旅のヒント

見どころは大砂丘のデューン45とソサスフライ。ソサスフライへは四輪駆動車でなければ行けません。日の出の砂丘を見るには前の晩にセスリエムに泊まり、夜明け前のゲートオープンとともに砂丘へ入るのがベストです。

デッドフレイとよばれる場所には
数百年前のアカシアの枯れ木が
当時のままの姿で立っている

6
ORANGE

アーチーズ国立公園
Arches National Park

旅の予算
27万円~
(8日間のツアー料金)

2000以上アーチが散在する 世界一大きな彫刻ギャラリー

アーチとは弓型の門。ここでは開口部が10m以上のものをアーチと呼んでおり、その数は200以上。最大のアーチは差し渡し100mあり、その大きさも形も様々。公園内にはアーチだけでなく、水と風に削られた砂岩の彫刻が無数にあります。絶妙なバランスでかろうじて立っている巨石、動物や人間の形に見える岩など、まさに自然が作りだしたオブジェクトのギャラリーとなっています。

自然環境に配慮し、広大な園内には数本の道路しかありません。主要なスポットは車から降りてハイキングトレイルを歩いて行きます。でも苦労して歩いた先に巨大なアーチが出現する瞬間は、何ものにも代えがたい感動を与えてくれます。

★ベストシーズン

1 2 3 4 5 6 7 8 9 10 11 12 月

★言葉／英語

★日本からのアクセス／シアトル経由で最寄りの都市、ソルトレイクシティまで所要約12時間。そこから車で3時間半。周辺の見どころをまとめて巡るツアーも多数出ている。

旅のヒント

公園は一年中オープンしていますが、7～8月は最高気温が40度を超えるので、この時期訪れる人は水の用意を忘れずに。園内には売店などは一切ありません。冬は氷点下に下がりますが雪をかぶったアーチが見られます。

幅約10m高さ約14mのデリケートアーチは公園のシンボル的なアーチ

光が差し込むと谷の内部が
オレンジ色に輝く

旅の予算
17万円〜
(5日間のツアー料金)

6
ORANGE

アンテロープキャニオン

Antelope Canyon

一筋の水の流れと歳月が作る 神秘的な奇跡の峡谷

アリゾナの砂岩の台地は、岩場が多く森もないので、地面に保水力がありません。雨が降るとひとつの谷に降水が集中し、鉄砲水のようになります。長い間それを繰り返していくと、極端に狭く深い谷が形成されます。

水の流れがそのまま谷の壁に刻まれたアンテロープキャニオンは、幅が3mで深さが20mにもなる神秘的な空間。太陽が真上に来る正午前後だけ、細い隙間を通して太陽の光が差し込みます。薄暗い谷底に差す一条の光の筋は、神の啓示のようです。ここはナバホ居留区内にあって、勝手に見学することはできません。また鉄砲水の危険もあるので、訪れるときは必ずツアーに参加します。

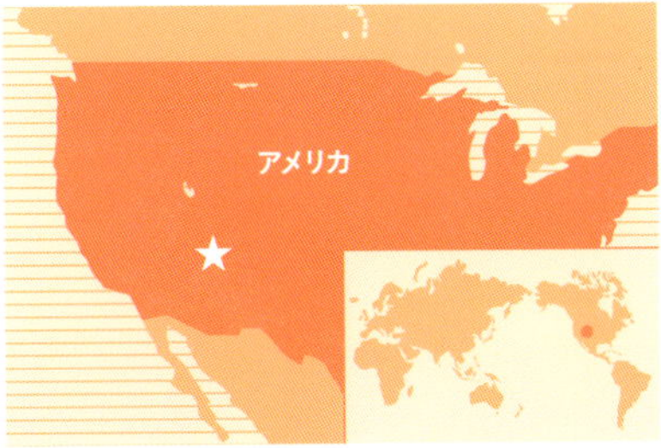

★ベストシーズン
1 2 3 4 **5 6 7 8 9** 10 11 12 月

★言葉／英語

★日本からのアクセス／ロサンゼルスなどの都市で乗り換えて、ラスヴェガスのマッカラン国際空港へ（所要約15時間）。そこから車で約4時間の最寄りの町ペイジに行きツアーに参加する。

旅のヒント

ツアーで訪れるのはアッパー・アンテロープキャニオン。幅がもっと狭く、距離が長いロウアー・アンテロープキャニオンが数km離れたところにあり、こちらは見学自由。ただし梯子や階段があり歩くのはたいへんです。

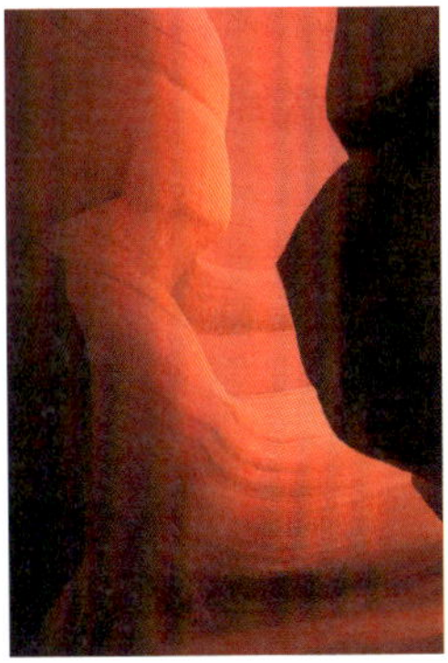

この神秘的な谷の色と形に魅せられたくさんの写真家が訪れる

旅の予算
28万円〜
（航空券、5泊分宿泊費、レンタカー代の合計）

6
ORANGE

グレイシャー国立公園

Glacier National Park

湖とロッキーの山並みを静かに楽しむ癒しの地

　名前の通りロッキー山脈の中に氷河が作り上げた美しい場所。19世紀の末にアメリカ最北の大陸横断鉄道が開通した際、その風光明媚な景観を観光に生かそうと、鉄道会社は山の中にわざわざ駅を造り、豪華なロッジを建設しました。1910年に国立公園に指定された後は、その長い歴史もさることながら、生息する300種以上の動物と1000種以上の植物を保護し、環境を守りながら観光も可能にしている貴重な場所として知られています。

　氷河に削られた3000m級の鋭鋒が連なり、その麓には大小200以上の湖が点在しています。車や列車の窓からも美景を堪能できますが、トレイルを自分の足で歩けば、感動は倍になるでしょう。

朝靄が立ち込めるマクドナルド湖
日が昇り靄が晴れるとロッキーの山々が姿を現す

★ベストシーズン
1 2 3 4 5 6 7 8 9 10 11 12 月

★言葉／英語
★日本からのアクセス／直行便があるシアトルで乗り継ぎ、最寄りの町カリスペルにあるグレイシャー空港まで所要約1時間。空港から車で、マクドナルド湖畔まで約40分。

旅のヒント

園内には拠点となるビレッジが6ヵ所あります。そこに宿をとって、園内はシャトルバスで移動するのが理想的。園内を巡るツアーも多数あります。公園の外に泊まるならレンタカーがないと何かと不便です。

公園の北側はカナダとの国境で
カナダ側も国立公園になっており
両方で国際平和公園となっている

旅の予算
18万円〜
（日本発ツアーと現地発ツアーの合計）

6
ORANGE

セリャラントスフォス

Seljalandsfoss

緑の台地から流れ落ちる滝
水のカーテン越しに見える大自然

昔、この島に住んだバイキングが、冬のあまりの寒さに、この島を「アイスランド」と名づけました。しかしフィヨルドの大地を豊かな緑が覆う短い夏にこの地を訪れれば、その名前はまったくふさわしくないと実感するでしょう。

アイスランド南西部にあるセリャラントスフォスは、岩の台地から流れ落ちる落差40mの美しい滝です。滝の裏側まで入り込めるよう道が設けられており、水煙を浴びながら中に入っていくと、滝のカーテン越しに緑の大地が見渡せるのです。裏から見る滝というのは、なかなか新鮮な眺めです。晴れていれば滝越しに虹が、夕暮れにはオレンジに染まった滝が見られるでしょう。

滝は南西に面しており天気がよければ
滝越しに大西洋に沈む美しいサンセットが眺められる

★ベストシーズン

1 2 3 4 5 **6 7 8 9** 10 11 12 月

★言葉／アイスランド語

★日本からのアクセス／直行便がないので、ヨーロッパの都市で乗り継ぎ首都レイキャビクへ。レイキャビクからはレンタカーで約1時間40分。レイキャビク発の現地発ツアーもある。

旅のヒント

アイスランドは知る人ぞ知る美食の国で、豊富な海産物や肥えた土地で育った羊肉、温泉の地熱を利用して栽培される野菜など、恵まれた素材を使った料理が楽しめます。なかでもラム肉は臭みがなくおすすめです。

6

ORANGE

ナマクワランド

Namaqualand

旅の予算
40万円～
（10日間のツアー料金）

色とりどりの花が咲き乱れる
幻想的な花園が広がる

南アフリカの西北部から国境を越えてナミビアまで南北約1000kmにわたって広がるナマクワランド。ふだんは乾燥した半砂漠ですが、8月から9月にかけての数週間だけ、様々な種類のワイルドフラワーが絨毯を敷いたように咲き乱れます。その色は黄、オレンジ、青、ピンク、白、紫と多岐にわたり、この世ならぬ幻の楽園のような風景です。

花の種類はじつに4000種。ここにしか生育しない多肉植物も多く見られます。わずかな雨が降った後、花は咲いては1週間ほどで枯れ、それを種類ごとに繰り返していきます。こうして生命をリレーするように、わずかな期間、ナマクワランドは楽園と化すのです。

★ベストシーズン

1 2 3 4 5 6 7 **8** **9** 10 11 12 月

★言葉／英語、アフリカーンス

★日本からのアクセス／ヨーロッパ、アジアを経由してケープタウンまで約20時間。観光の拠点となるスプリングボックまでは車で8～9時間。ナミビア側からアクセスすることも可能。

旅のヒント

花が咲く時期は8月中旬から9月上旬ですが、その年の気候や降水量によって時期がずれることもあります。花園の中でスプリングボックやオリックス、ダチョウなどの野生動物が見られることもあります。

様々な花のひしめくナマクワランド
中でも色鮮やかなデイジーはひときわ目立つ花

8～9月のわずか数週間だけの楽園。それ以外の季節は砂漠が広がる

旧市街の街並みを一望するならロープウェイで
行けるスルジ山の展望台へ

旅の予算
17万円～
(5日間のツアー料金)

6
ORANGE

ドブロヴニク

Dubrovnik

中世の佇まいを残す アドリア海に臨む城塞都市

紺碧のアドリア海に突き出し、オレンジ色の家々の屋根が並ぶ街並み。中世にはベネチアと並ぶ海洋都市国家として栄えたドブロヴニクです。

強固な城壁で囲まれた旧市街に足を踏み入れ、迷路のように張り巡らされた石畳の小径を歩くと、中世都市の構造が体感できます。1991年、ユーゴスラヴィア崩壊後に戦場となったことが嘘のよう。今は美しく復旧していて、現在は世界遺産に登録されています。

町歩きを楽しんだら、スルジ山へ。湾を挟んで町が見えるお馴染みの景色が撮影された場所ですが、晴れた日、アドリア海に囲まれたドブロヴニクは写真で見るより何倍も美しいはずです。

★ベストシーズン
1 2 3 4 5 6 7 8 9 10 11 12 月

★言葉／クロアチア語
★日本からのアクセス／日本からの直行便はなく、ヨーロッパ内での乗り継ぎ便を利用して、クロアチアの首都ザグレブへ。さらにドブロヴニクへは、国内線かバスでアクセス可能。

旅のヒント
旧市街をぐるりと囲んでいる城壁の上は、遊歩道が整備されており歩くことができます。全長約2km、旧市街のオレンジ色の屋根を眺めながら、ゆっくりと散歩を楽しんでみるのもいいものです。

海の青と建物の屋根のオレンジ色の対比が、この町の魅力

YELLOW

アンダルシア地方（スペイン）

YELLOW

黄色の絶景は、現状を打破する「刺激」に

交感神経・副交感神経を刺激するイエローは
停滞気味な現状を打破するには最適な「刺激」の色。
何かに行き詰まってしまったときに黄色の絶景を目にすれば、
思いもよらなかったひらめきを得ることができるかもしれません。

7
YELLOW

ドラック洞窟
Drach Caves

旅の予算
30万円～
（このエリアを含む8日間のツアーと現地発ツアーの合計料金）

地中海の楽園の地下深く、神秘の地底湖にたゆたう小舟

紺碧の美しい海に囲まれた「地中海の楽園」、マヨルカ島にはいくつか洞窟がありますが、その中で最も大きいのが島の東部にあるドラック洞窟です。

ひんやりとした洞窟の中は、永い歳月をかけて自然が作り上げた鍾乳石がライトアップされています。細い無数の鍾乳石が天井から下がる姿は、まるで鍾乳石の森の中を歩いているようです。観音様やウェディングケーキ、ベーコンのように見えるユニークなものもあります。

洞窟最大の見どころは世界最大級の地底湖でのコンサート。小舟に乗った演奏者がショパンの曲を奏でながら、エメラルドグリーンの湖をゆっくりと漂う様は、なんとも幻想的です。

幻想的なエメラルドグリーンの地底湖に
ショパンの調べが響きわたる

★ベストシーズン

1 2 3 4 5 6 7 8 9 10 11 12 月

★言葉／スペイン語

★日本からのアクセス／ヨーロッパや中東経由でマドリードまたはバルセロナに入り、国内線でパルマ・デ・マヨルカへ。パルマ・デ・マヨルカからドラック洞窟までは、バスで約1時間20分。

旅のヒント

ミニコンサート終了後、観光客もそのボートに乗って遊覧することができます。洞窟から歩いて15分の港町ポルトクリストには美しいビーチがあり、洞窟見学のあとの休憩に最適。港にはローカルな市も立ちます。

7

YELLOW

旅の予算
20万円～
（8日間のツアー料金）

マッターホルンとリッフェルゼー

Matterhorn & Riffelsee

昇る朝日に染まっていく アルプスで最も印象的な山

よほどの山好きを除けば、富士山のように名前を聞いただけで、その姿が思い浮かぶ山はそんなに多くないでしょう。スイスとイタリアの国境にある、標高4478mのマッターホルンは、そんな希少な山のひとつではないでしょうか。

昼間、天を突き刺すような山容は素晴らしいですが、モルゲンロート（朝焼け）に染まる姿はまさに絶景。朝、紫に染まる山並みのなかで、ひときわ大きな独立峰の山頂に朝日が当たり始めます。日が昇るにつれ、東壁を照らす光が徐々に大きくなり、山の姿が浮かび上がってきます。“逆さマッターホルン”で有名なリッフェルゼーの湖畔でその姿が見られたら、それはアルプスで最も贅沢な瞬間です。

リッフェルゼーへはゴルナーグラート展望台への
登山列車を使ってアクセスする

★ベストシーズン

1 2 3 4 5 6 **7 8 9** 10 11 12 月

★言葉／ドイツ語

★日本からのアクセス／成田からチューリヒまで直行便で12時間半。チューリヒから山の麓にあるリゾート、ツェルマットまで列車で約3時間。イタリアのミラノからも列車で4時間ほど。

旅のヒント

麓のツェルマットからも朝日に染まる山を見ることはできますが、一番いいのは山岳ホテルに泊まること。夏季は夜明け前に登山列車やロープウェイを使って展望台に行く「サンライズ・ツアー」が催行されます。

カナダ Canada／アメリカ U.S.A.

7
YELLOW

ナイアガラ滝
Niagara Falls

旅の予算
17万円～
（5日間のツアー料金）

世界一有名な滝の印象は感動か、はたまた失望か

世界一知られた瀑布。大河の大量の水流が轟音を立てて滝壺に流れ落ちる様は、その知名度に相応しい迫力があります。

自然の驚異を眺めにやって来る人の中に、イメージと違うことに戸惑う人が少なからずいます。世界の有名な滝が山奥にあったり、ジャングルのなかにあったりするからでしょう。ここも大自然のなかにあると思って訪れてしまうからです。

カナダとアメリカの国境にある滝は市街地の中にあり、特にカナダ側はギフトショップなどが並ぶ、典型的な観光地です。

とはいえ仮に周囲の雰囲気に失望したとしても、全幅約1km、落差55mの滝の迫力は本物。吸い込まれてしまいそうな流れは、すべての人を圧倒します。

★ベストシーズン

1 2 3 4 5 6 7 8 9 10 11 12 月

★言葉／英語

★日本からのアクセス／カナダのトロントまで直行便で約12時間、そこから車で約2時間（シャトルバスもあり）。アメリカのバッファロー国際空港からもシャトルバスがある。（所要約40分）

旅のヒント

世界的な観光地だけあって、様々な方法で滝が眺められます。周辺の展望台から全景を眺めたり、トンネルを通って滝の裏側を歩いたり、ボートに乗って飛沫を浴びながら滝壺に近づくこともできます。

手が届きそうな距離から迫力ある滝を眺めることができる

霧に覆われた朝の渓谷は
凛とした空気に満ちている

日が暮れるころ、渓谷の丘陵地帯は
夕焼けの色に染まる

旅の予算
22万円～
（7日間のツアー料金）

7

YELLOW

オルチア渓谷

Orcia Valley

中世から続く伝統の暮らし 優しい気持ちになる風景が広がる

なだらかな丘が幾重にも重なり、早朝にはたちこめた霧が、柔らかな太陽の光を受けて白くきらきらと輝き出します。それは人間が長い時間をかけて造り上げた優しい風景。訪れる人の心を穏やかにさせてくれることでしょう。

イタリア中西部にあるここオルチア渓谷には、中世に起源を持つ古い町が点在しています。かつてはローマやエルサレムへの巡礼路もつながり、多くの人々が行き交う場所でした。農業には向かない粘土質の土壌でしたが、300年にもわたって土壌改良がなされた結果、このような糸杉が連なる美しい風景ができあがったのです。現在ではワイン用のブドウや、オリーブの栽培が盛んです。

★ベストシーズン
1 2 3 4 5 6 7 8 9 10 11 12 月

★言葉／イタリア語

★日本からのアクセス／空路ローマへ。まず列車でキウージへ行き、バスに乗り換えてモンテプルチャーノ、再び乗り換えてピエンツァへ。ピエンツァの南にオルチア渓谷が広がっている。

旅のヒント

ピエンツァも世界遺産に登録された中世の古い町です。町のピッコロミミ広場には大聖堂、教皇の館など贅を尽くした建物が連なっています。郊外の風景を眺めるだけでなく、素晴らしい街並みを味わう時間もとっておきたいもの。

四季折々に違った表情を見せる
豊かな農業地帯

7

YELLOW

南極

Antarctica

旅の予算
100万円～
（15日間のツアー料金）

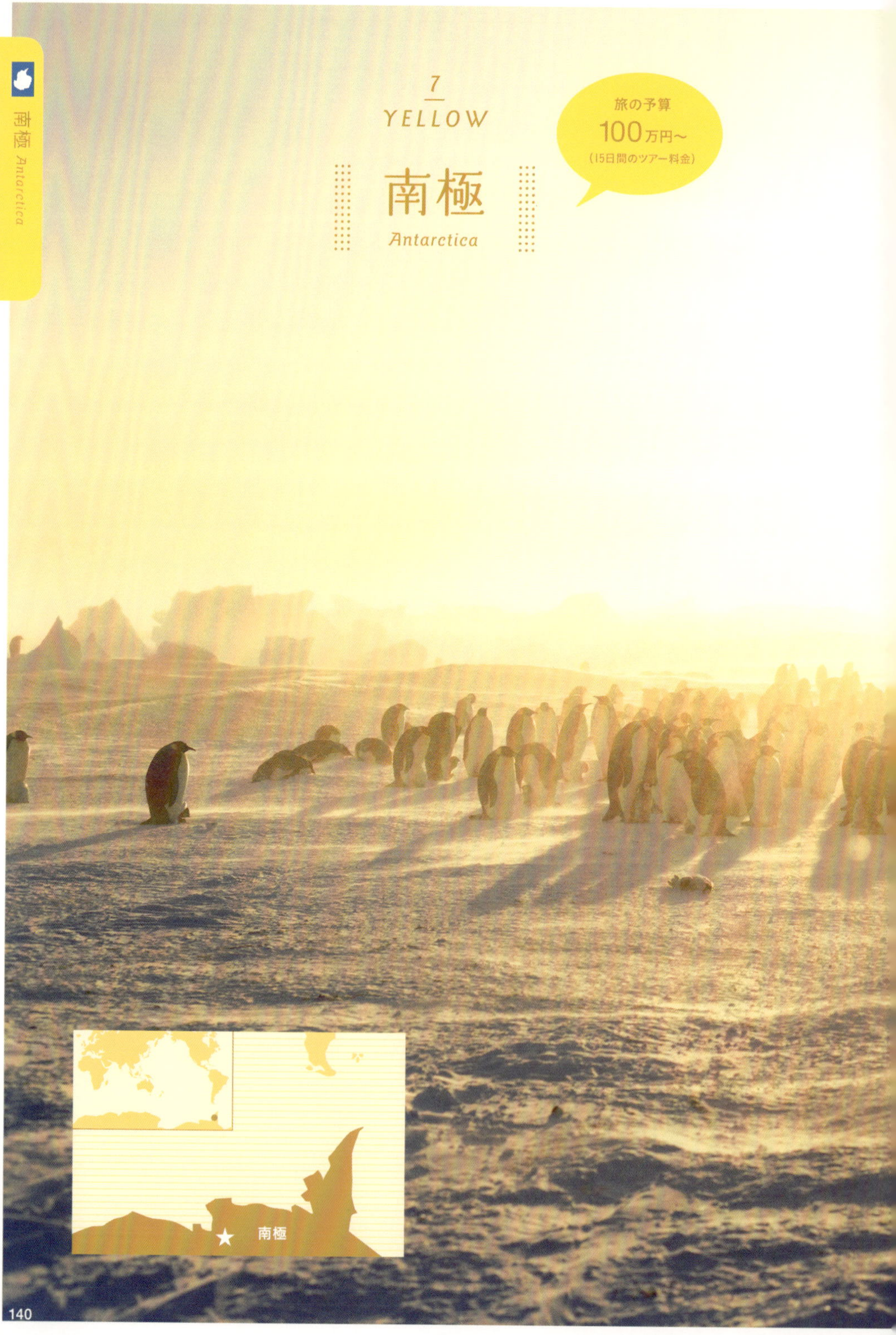

氷雪に覆われた世界の果て 地球最後の秘境

深いブルーの海と見渡す限りの氷雪の広がる南極は、秘境という言葉が今なおふさわしい最後の場所かもしれません。クルーズ船に乗って青い影をきざむ氷山の間をすり抜けながら進んでいくと、ペンギンの群れやクジラやシャチ、アザラシを見ることができるでしょう。

南極大陸が発見されたのは今から約190年前。その後各国の調査によって、2億年以上前の南極は草木が茂り、動物が生息する地だったことが分かっています。

澄みきった極地の大気とどこよりも眩しい日の光。気温はときにマイナス90度にも達する地球で最も過酷で、最も行くのがむずかしく、最も美しい世界。それが南極です。

★ベストシーズン

1 2 3 4 5 6 7 8 9 10 11 12 月

★言葉／特定の言語はない

★日本からのアクセス／北米経由でアルゼンチンのブエノスアイレスまで空路約25時間。そこから大陸南端まで飛び、クルーズ船のツアーに参加。ツアー日程は10日から20日くらい。

旅のヒント

南極ツアーは夏にあたる12月から3月にかけて催行。特殊な土地なので、気象条件や氷の状態によってルートや上陸ポイント、日程が変更されることもあります。上陸時にはトイレや喫煙も厳しく制限されます。

南極で出会う一番の動物はペンギン。世界最大のコウテイペンギンの営巣地があるのは内陸

黄色いひまわりと青空、そしてオレンジの瓦と
白壁の小屋がアンダルシアらしい

旅の予算
16万円～
(8日間のツアー料金)

7

YELLOW

アンダルシアのひまわり

Andalusia Sunflower-field

地平線の彼方まで続く黄色の海原 青い空との鮮やかなコントラスト

6月上旬のスペインの南、アンダルシア地方の日差しは、肌をさすように強烈です。雲ひとつない青空の下、太陽に向かって一斉に咲く一面のひまわりの花の風景は、私たちが持つスペインの憧憬のひとつでしょう。「スペインのフライパン」と呼ばれるほど高温になるこのエリア、その熱気に負けないほどの生命力が、大地を埋め尽くすひまわりからほとばしります。

ひまわりの花の黄、空の青、そして畑の中に点在する農家の小屋の白い壁。すべての色彩が鮮烈なコントラストを描いています。地平線まで続く平原は、ひまわり畑の黄色で描かれたモザイク画のような美しさです。

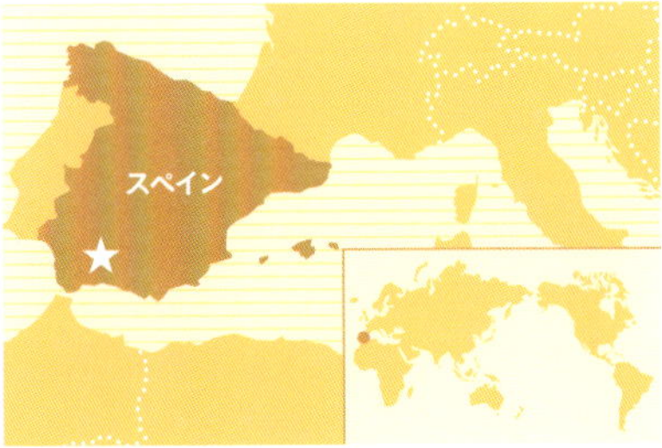

★ベストシーズン

1 2 3 4 5 **6** **7** 8 9 10 11 12 月

★言葉／スペイン語

★日本からのアクセス／ヨーロッパまたは中東を経由してスペインへ。マドリッドからセビーリャまで高速鉄道AVEで約3時間、バルセロナからは空路で約1時間35分。そこからカルモナまでバスで約50分。

旅のヒント

レンタカーを使わずにひまわりを見るなら、セビーリャ近郊のカルモナがおすすめ。バスでひまわり畑の中を抜けて丘の上に立つカルモナに着くと、眼下に広がるひまわり畑がどこまでも見渡せます。

刈り入れ前の麦畑が広がる
すべての色彩が鮮烈なアンダルシア

フランス France

7
YELLOW

ヴェルサイユの黄葉

Versailles Autumn Leaves

旅の予算
12万円～
（7日間のツアー料金）

植物が見せる色彩のハーモニー 秋色に色づく美しい庭園

パリ郊外にあるヴェルサイユ宮殿は、ルイ14世の命によって17世紀に建てられました。この時、宮殿以上に時間と労力を注がれて建設されたのが、広大な庭園です。庭園には豪華な噴水や彫刻が並び、フランス全土から集められた様々な植物が植えられました。

四季折々に異なる表情を見せる庭園ですが、一番美しいのは樹木が黄葉する時期です。木の葉は黄色や黄緑色に色づき、秋色に染まった庭園は、散策に絶好の場所になります。並木道に落ち葉が敷き詰められ、黄金色の絨毯が敷かれたような情景は、目に焼きつくほど美しいものになるでしょう。

宮殿内の華麗な鏡の回廊
17個の窓から入る光が室内の鏡に反射して部屋を一層明るくする

★ベストシーズン

1 2 3 4 5 6 7 8 9 **10** **11** 12 月

★言葉／フランス語

★日本からのアクセス／パリ市内から国鉄（SNCF）でヴェルサイユ・シャンティエ駅まで行き、徒歩15分。または高速郊外鉄道（RER）ヴェルサイユ・シャトー・リヴ・ゴーシュ駅から徒歩7分。

旅のヒント

　夏季の土曜日は、夜も庭園が開放され、ライトアップされます。噴水ショーや花火も行われ、素敵な夜の散策を楽しむことができます。噴水ショーは、4月から10月の週末の昼間にも行われます。

庭園全体が黄葉する秋の散歩道
広大な庭園パノラマはどの方角から見ても美しい

高さ100mある鍾乳洞の内部はヒンドゥー美術の宝庫
毎年開かれる「タイプーサム」祭りでも有名

旅の予算
9万円〜
（5日間のツアー料金と
交通費の合計）

7
YELLOW

バトゥ洞窟

Batu Caves

奇岩と極彩色の神々が織り成す
マレーシア屈指のパワースポット

　絶壁の岩肌をバックに聳える、派手な黄金色のヒンドゥー教の神。南インドで信仰されるムルガン神が、微笑を浮かべて参拝者たちを迎えてくれます。

　バトゥ洞窟はインドではなく、マレーシアのクアラルンプール近郊にあるヒンドゥー教の聖地です。階段を上って巨大な鍾乳洞の中へ入ってみると、中にはシヴァ、ガネーシャなど、ヒンドゥー教ではおなじみの神様がずらりと並んでいます。一番奥に祀られているのは、聖者スブラマニアンです。

　ヒンドゥー神話に彩られた洞窟内は、極彩色に彩られた摩訶不思議な異次元の世界。それらがライトアップされた石灰岩と見事にマッチしています。

★ベストシーズン
1 2 3 4 5 6 7 8 9 10 11 12 月

★言葉／英語、マレー語

★日本からのアクセス／直行便で首都クアラルンプールへ。クアラルンプール中心部からは、KTMコミューターに乗り、バトゥケイブス駅下車。所要約20分。タクシーでも約20分。

旅のヒント

　マレーシアはマレー、中国、インドと様々な民族が共存しあう多民族国家です。特に首都クアラルンプールでは、飲茶を出す中華料理の老舗からインド料理、洗練された西洋料理、屋台料理とグルメも満喫できます。

高さ42.7mのムルガン神は
ヒンドゥー教では軍神とされている

金鶏峰のもやが晴れると菜の花畑は
一気に春の陽射しでいっぱいになる

旅の予算
12万円～
(4日間のツアー料金)

7
YELLOW

羅平の菜の花畑

Luo Ping Flower Field

菜の花の香りが春の訪れを告げる 大地に広がる黄色い絨毯へ

見渡す限り一面に続く菜の花畑。その中に紛れ込み、春を独り占めできる場所が中国東南部の雲南省にあります。

菜の花や菜種油で知られている羅平県では、毎年2月になると20万苗もの菜の花で大地が覆われます。

羅平にあるおもな菜の花畑は2ヵ所。「田螺（たにし）の田んぼ」と呼ばれる北部の牛街螺糸田は、田螺の渦巻にも見える幾何学模様の棚田が続く場所です。毎年この季節になると、そこに黄、黄緑、緑色をした菜の花が咲き乱れるのです。

羅平の北東にある金鶏峰は、朝日に映える菜の花畑です。黄一色で埋め尽くされた大地に、形の良い小山が突き出て並ぶ姿は、息をのむ美しさです。

★ベストシーズン

1 **2** **3** 4 5 6 7 8 9 10 11 12 月

★言葉／中国語

★日本からのアクセス／中国国内で乗り継ぎ、雲南省の昆明へ。東バスターミナルから羅平行きバスに乗車。所要約4時間。鉄道は時間帯がよくない上に本数も少ないので、高速バスのほうが便利。

旅のヒント

菜の花畑の道を散策できるのは金鶏峰です。この道では周辺で採れた蜂蜜の販売コーナーがあり、多くのミツバチが飛び回っています。帽子をかぶらずに歩いていると蜂に襲われることもあるので、注意が必要です。

高台から全体を眺めるのもいいけれど、
目線の高さから地平線まで広がる
花畑を眺めても美しい

BROWN

ドゥバヤズット（トルコ）

BROWN

茶色の絶景は地に根をはる
「安心感」をくれる

ブラウンは落ち着いた「地面」の色。
何か迷いがあるときに、この色に対峙すれば、
現実に則した堅実な答えを導き出せそうです。
つい衝動で動き出してしまったとき、
茶色の絶景はあなたをクールダウン
させてくれるでしょう。

上／ 3000年の時空を超えてファラオの足元に立つ
下／朝日を浴びる姿に遥か昔の王国の栄光を感じる

旅の予算
30万円～
(8日間のツアー料金)

8
BROWN

アブシンベル大神殿

Abu Simbel Temples

ダムの底に沈むはずだった大神殿
強大なファラオの栄華が今に残る

ピラミッドと並ぶエジプト最大の見どころ、それがアブシンベル大神殿です。アスワン・ハイ・ダム建設によって、ダムの底に沈むはずだったこの歴史の至宝は、国際的な救済活動によってナセル湖畔に移築されました。

岩山を削って造られた神殿の高さは33m。まずは、入口にある高さ20m超の4体のラムセス2世座像に圧倒されます。神殿のなかに入ると、列柱の間の奥に神々と並んでファラオが鎮座する至聖所があります。ここには、年に2回だけ太陽の光が差し込むようになっています。周囲の壁は、精密なレリーフや古代文字のヒエログリフで埋めつくされ、いつまで見ていても飽きることがありません。

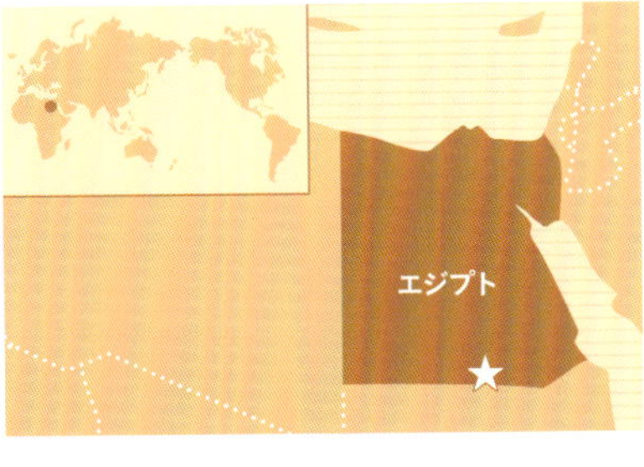

★ベストシーズン
1 2 3 4 5 6 7 8 9 10 11 12 月

★言葉／アラビア語
★日本からのアクセス／カイロまで直行便で約12時間。カイロからはアスワン経由の国内線で約3時間。アブシンベルの空港から遺跡までは、エジプト航空の無料送迎バスで約10分。

旅のヒント
アブシンベルの町に1泊できるなら、アブシンベル神殿の「音と光のショー」がおすすめです。これはエジプト各地の同様のショーの中でも、断トツの面白さです。冬場は暖かい服装で出かけましょう。

アブシンベルへの飛行機が高度を下げると
緑のナセル湖畔に大神殿の威容が見えてくる

岩山を削って造られた王墓の前を
放牧のヤギを追ってベドウィンの民が行く

旅の予算
30万円〜
(8日間のツアー料金)

8

BROWN

ペトラ遺跡

Petra

一日に50の色を見せるという断崖の谷の奥に建つ王の墳墓

古代ナバテア人の都ペトラは、交易の要衝として繁栄した隊商都市でした。このあたりの岩は、美しいマーブル模様をしているのが特色です。広大な遺跡内には、その岩を削って造られた、多くの石造建築が残っています。

その中でも、最も美しいのが「エル・カズネ」と呼ばれる王の墳墓です。このエル・カズネへのアプローチは、非常にドラマチックです。切り立った断崖が両側に迫る狭い谷底から、視界が急に開けたところに現れるのですから。

太陽の光のわずかな変化によって、一日に50の色を見せるといわれるエル・カズネ。しかし最も美しいのは、朝日と夕日を浴び、バラ色に染まるときでしょう。

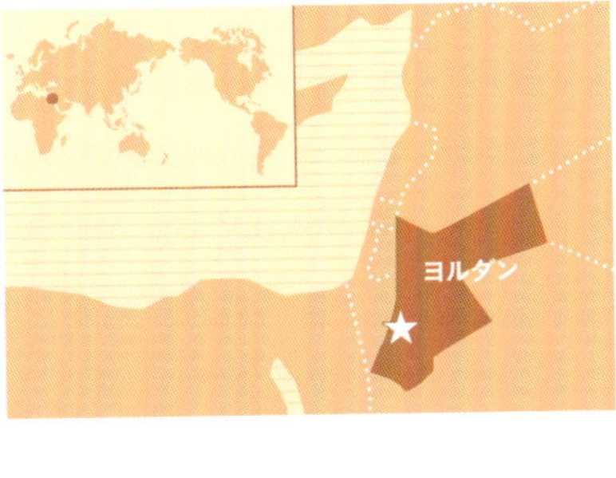

★ベストシーズン

1 2 **3** **4** **5** 6 7 8 9 10 **11** **12** 月

★言葉／アラビア語

★日本からのアクセス／ヨーロッパや中東の都市で乗り継いで、首都アンマンまで約18時間。アンマンからペトラ遺跡の最寄りの村ワディ・ムーサへは、バスで約3時間の距離。

旅のヒント

月・水・木曜の夜に行われるナイトツアーが「ペトラ・バイ・ナイト」です。漆黒の谷を、ろうそくの灯りに導かれてエル・カズネまで歩きます。ベドウィンの音楽が満天の星空に響き、とてもロマンチックです。

エル・カズネ（宝物殿）は
王の墳墓といわれている
最も印象的な建物

8
BROWN

ザ・ウェイヴ
The Wave

旅の予算
30万円～
(7日間のツアーと
レンタカー代の合計)

波打っているような地層が至るところで見られる

吹き抜ける風が目に見えるような不思議な谷

　アメリカ西部、ユタ州とアリゾナ州の州境付近は、浸食作用で生まれた自然の造形が無数にあるところ。数々の傑作がありますが、ここを最優秀作品に選ぶ人は多いのではないでしょうか。

　“朱色の崖”という意味のバーミリオンクリフ国定公園の一部であるここは、何万年もの間、柔らかな砂岩層を雨と雪、そして吹き付ける風が浸食したことで形成されたもの。周辺も同様の地質であるにもかかわらず、この場所にみごとな紋様が刻まれたのは、偶然のなせる業。その地形だけでなく、水の流れや吹き付ける風の方向が他とは異なっていたからなのでしょう。まさに自然の力と悠久のときが生みだした奇跡の風景なのです。

★ベストシーズン

1 2 3 4 5 6 7 8 9 10 11 12 月

★言葉／英語

★日本からのアクセス／アメリカ西海岸の都市から、最も近い空港があるペイジまで飛行機で行き、そこからレンタカーで約1時間。駐車場からさらに片道3～4時間の道のりを歩く。

旅のヒント

　脆弱な自然環境を保護するために、一日最大20人しか立ち入ることができません。入域許可はすべて抽選。事前にネットで、または直前に公園の事務所で申し込みます。気候が厳しいので、しっかりした装備が必要。

旅の予算
24万円〜
（8日間のツアー料金）

8
BROWN

トドラ渓谷
Todra Gorge

乾いた大地を潤す水源は 山脈を切り裂く断崖絶壁の谷

アトラス山脈を越えたモロッコ南部は、地の果てのような、乾ききった茶色い砂漠地帯が広がっています。しかし川や水のあるところには、緑豊かなオアシスの村があり、カスバと呼ばれるかつての城塞都市が点在しているのです。

このカスバ街道の北に、アトラス山脈の裂け目、トドラ渓谷があります。谷の両側には垂直の断崖絶壁が迫り、赤茶色の岩肌は今にも崩れ落ちてきそうな迫力です。最も狭いところは幅わずか10mほどで、太陽の光も差し込みません。

渓谷を流れるトドラ川の澄んだ水は、アトラス山脈の雪解け水です。酷暑の夏には、モロッコの人たちが涼を求めてこの地にやってきます。

上空には真っ青な空が見えるが、深い谷底までは太陽の光も届かない

★ベストシーズン

1 2 3 **4** **5** **6** 7 8 9 **10** **11** 12 月

★言葉／アラビア語

★日本からのアクセス／ヨーロッパや中東で乗り換えてカサブランカまたはマラケシュへ。マラケシュから長距離バスでティネリールまで約8時間、そこから乗り合いタクシーで約40分。

旅のヒント

　カスバ街道からトドラ渓谷までの道は、美しいオアシスの景色。春にはアーモンドや桃の花が一面に咲き、まるで桃源郷のような美しさです。オアシスの村からは、渓谷までのハイキングが楽しめます。

垂直の絶壁は、ロッククライミングの名所として知られる

8
BROWN

コーフ城

Corfe Castle

旅の予算
15万円～
（5日間のロンドンへのフリーツアーと交通費の合計）

崩れゆく姿もまた美しい ときの流れを刻んだ廃墟がたたずむ

廃墟と呼ぶには美しすぎる古城跡。まわりの海や平原にすっかり溶け込んだ景観は、「天空の城ラピュタ」を彷彿させるようです。

コーフ城はイングランド南西部の、ウェアハムに位置しています。11世紀に要塞を兼ねる王宮として創建されました。1646年に清教徒（ピューリタン）革命でクロムウェル率いる議会軍によって破壊されるまでは、イングランド王家の重要拠点の一つでした。

この古城を見ていると、人工のものであっても、すでにこの土地の自然と同化してしまったような錯覚を覚えるはずです。ここでは、光と陰、時間とともに変わる色と風景が堪能できるでしょう。

1646年に壊滅したまま残されている貴重な古城跡

★ベストシーズン

1 2 3 4 5 6 7 8 9 10 11 12 月

★言葉／英語

★日本からのアクセス／直行便でロンドンへ。ロンドンのビクトリア・コーチステーションからウェアハムまでは、バスで約3時間、列車は約2時間20分。ウェアハムからバスで約20分。

旅のヒント

イングランド南部にはコーフ城のほかにも、ロンドンから日帰りで行ける人気リゾート地ブライトン、芸術家が多く住むセント・アイヴス、最西端の町ペンザンスなど、魅力的な海辺の町が多くあります。

8
BROWN

ハージュ橋
Khajou Bridge

旅の予算
16万円～
（6日間のツアー料金）

サファビー朝全盛時代に造られ、皇帝も涼んだ優美な橋

一見、池かと思うほど流れを感じさせない静かな水流。これが鏡のようになり、川に架かる優美な2層の橋を上下対称に水面に映し出しています。

ここはイランの古都イスファハン。サファビー朝の都として、17世紀には「世界の半分」といわれるほど繁栄を極めた都市です。その市街を東西に流れるザーヤンデ川に架かる橋のなかで、最も優美な姿をしているのが、このハージュ橋です。

長さ133m、24のアーチ型の橋桁がその上の多くのアーチを支えています。橋のたもとは水門になっており、開閉したりしてダムの役目も果たしています。

夜になるとこのハージュ橋はライトアップされ、その姿も格別の美しさです。

ハージュ橋は現在では市民の憩いの場
夕暮れには散歩する家族連れの姿が目立つようになる

★ベストシーズン

1 2 **3** **4** **5** 6 7 8 9 **10** **11** 12 月

★言葉／ペルシア語

★日本からのアクセス／直行便、または乗り継ぎ便でイランの首都テヘランへ。テヘランで国内線に乗り継ぎイスファハンへ（所要約1時間）。時間はかかるがバス、鉄道も利用可能（所要約6～8時間）。

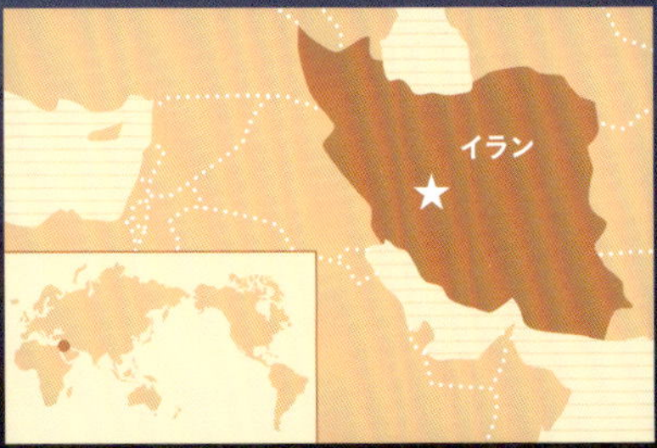

旅のヒント

古都イスファハンには見どころがいっぱいです。特にイマーム広場とそれに面した宮殿やモスク群は、世界遺産に登録されています。また同じ川に架かる橋「スィオセポル(33柱橋)」も人気の橋です。

8

BROWN

ドゥバヤズット

Dogubeyazit

旅の予算
22万円〜
（8日間のツアー料金）

トルコ東部の秋、打ち捨てられた宮殿に漂う寂寥感が増している

聖書の世界がいまも生きる トルコの東の果ての地

　どこまでも続く赤茶けた大地を、人気のない宮殿が見下ろしています。耳を澄ましても、ただ風が吹く音しか聞こえません。そんな最果ての地を強く感じさせる場所が、イラン国境まであと35kmというトルコの東にあります。

　標高1500mの高原にある町ドゥバヤズット。この町を見下ろしているのは、クルド人の領主が17～18世紀に建てたイサク・パシャ宮殿です。遠くに見えるのは、標高5137mのアララット山。この山は、旧約聖書で大洪水後にノアの方舟が地上に流れ着いた場所と記されている山です。ここは旧約聖書の舞台でもあるのです。

　現実離れした場所にいる気がするのは、、伝説の舞台だからかもしれません。

★ベストシーズン

1 2 3 4 **5** 6 7 8 9 **10** 11 12 月

★言葉／トルコ語

★日本からのアクセス／直行便、または乗り継ぎ便でイスタンブールへ行き、国内線に乗り継いで、ドゥバヤズットの最寄り空港のアールへ（約2時間）。そこからバスで所要約2時間。

旅のヒント

　この辺りは中世にはアルメニア王国があった場所で、現在のアルメニアとの国境も遠くはありません。車で3時間ほどの町、カルスの郊外にはアルメニア王国のかつての都、アニの遺跡があり見学もできます。

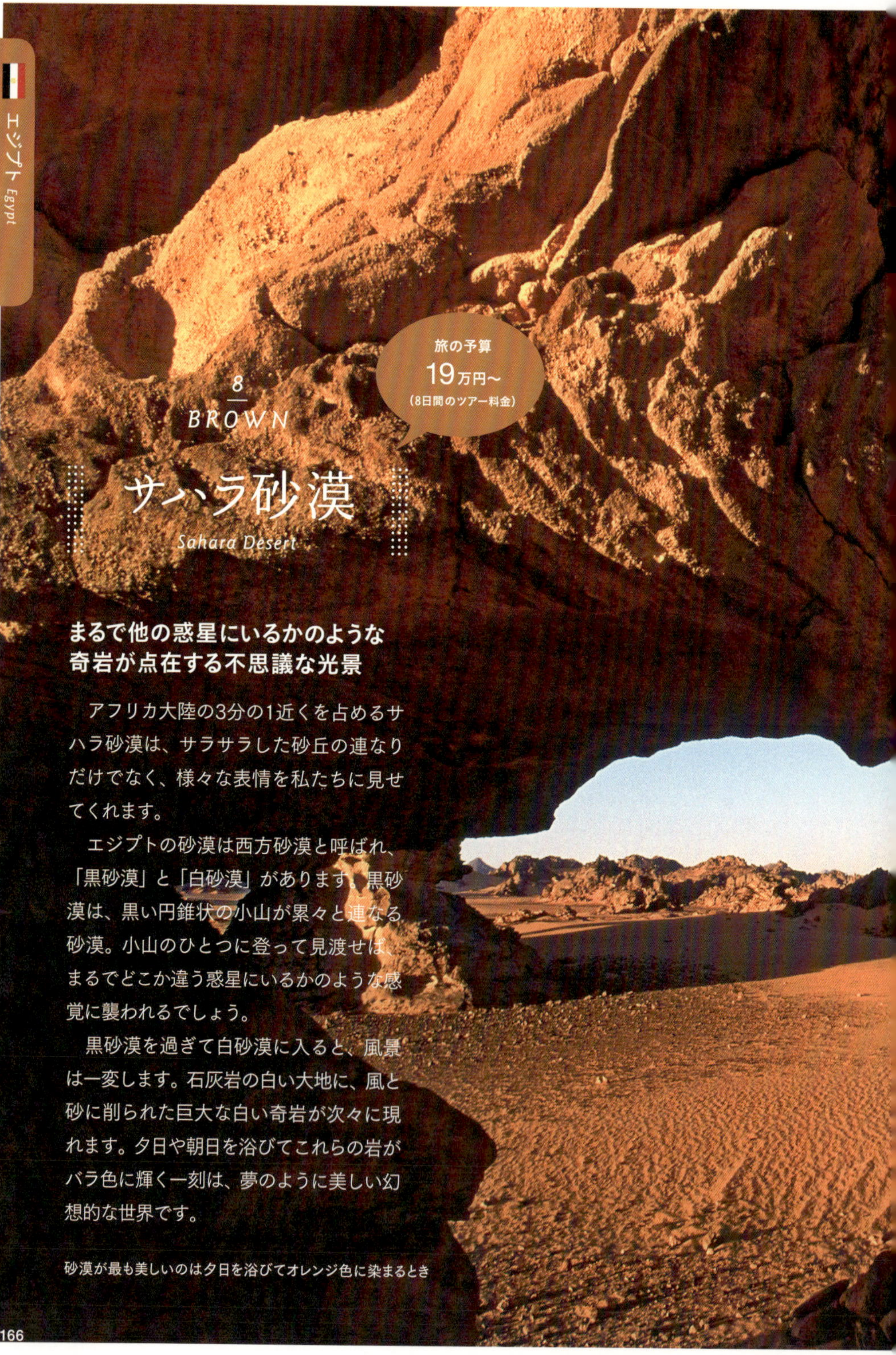

旅の予算
19万円～
（8日間のツアー料金）

8
BROWN

サハラ砂漠
Sahara Desert

まるで他の惑星にいるかのような奇岩が点在する不思議な光景

アフリカ大陸の3分の1近くを占めるサハラ砂漠は、サラサラした砂丘の連なりだけでなく、様々な表情を私たちに見せてくれます。

エジプトの砂漠は西方砂漠と呼ばれ、「黒砂漠」と「白砂漠」があります。黒砂漠は、黒い円錐状の小山が累々と連なる砂漠。小山のひとつに登って見渡せば、まるでどこか違う惑星にいるかのような感覚に襲われるでしょう。

黒砂漠を過ぎて白砂漠に入ると、風景は一変します。石灰岩の白い大地に、風と砂に削られた巨大な白い奇岩が次々に現れます。夕日や朝日を浴びてこれらの岩がバラ色に輝く一刻は、夢のように美しい幻想的な世界です。

砂漠が最も美しいのは夕日を浴びてオレンジ色に染まるとき

サハラに吹く風は芸術家
砂に美しい風紋を描き
岩肌に彫刻を施してきた

★ベストシーズン

1 2 3 4 5 6 7 8 9 10 11 12 月

★言葉／アラビア語

★日本からのアクセス／カイロまで直行便で約12時間。カイロから、砂漠ツアーの拠点となるバハレイヤ・オアシスの町バウーティまでは長距離バスで約6時間。カイロ発の砂漠ツアーもある。

旅のヒント

西方砂漠の入口の町であるバハレイヤ・オアシスには鉱泉がいくつも湧き出しています。バウーティには鉱泉を引いたスパ施設付きのホテルもあるので、ゆっくり温泉に浸かって砂漠ツアーの疲れを癒しましょう。

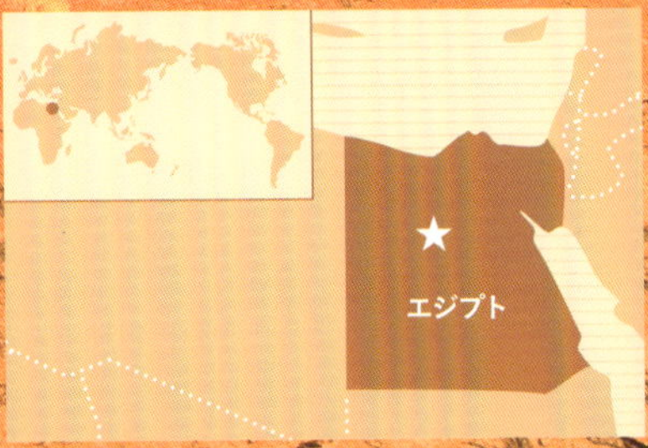

GREEN

九寨溝（中国）

GREEN

緑の絶景で
「自然」のリズムを取り戻す

グリーンはまさに自然を象徴する色。
緑の絶景は私たちが本能的に
回帰するところといえそうです。
「調子が今ひとつ…」と
感じているとき、この色がもつ治癒力で
心身の不調は正され、私たちはゆるやかに
再生へと導かれることでしょう。

19世紀に滝を発見したイギリスの探検隊は上流から
カヌーで近づいたが水煙で滝の存在に気付いた

旅の予算
30万円～
（8日間のツアー料金）

9
GREEN

ヴィクトリア滝
Victoria Falls

アフリカ大陸最大の滝は 現地の言葉で「雷鳴とどろく水煙」

南部アフリカの大河ザンベジ川の中流の巨大な峡谷に、雷のような音をとどろかせて落下するヴィクトリア滝。その落差は約100m、幅は1700mにもおよぶ世界最大級の滝です。

水量の多い雨季には、滝をすべて覆いつくしてしまうほどの水煙は、50kmも離れた場所から見えるほど。またその轟音は、40km以上離れたところまで響くといわれています。

晴れている日には峡谷の上に美しい虹がかかります。ただし、虹が見られるのは昼間だけではありません。満月の晩にここを訪れた人は、夜空にかかる、この世で最も神秘的な虹を目にすることができるでしょう。

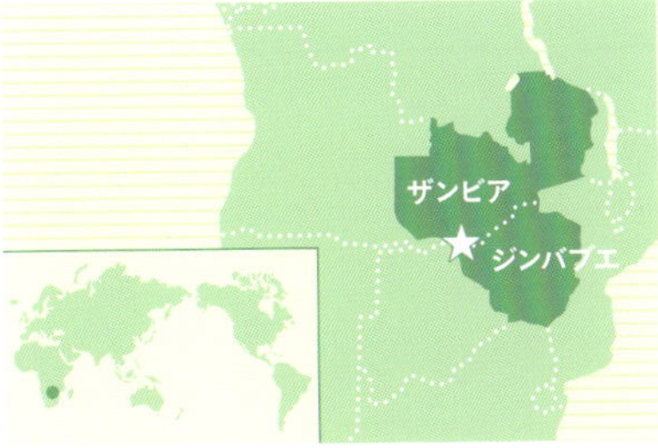

★ベストシーズン
1 2 3 4 5 6 7 8 9 10 11 12 月

★言葉／英語

★日本からのアクセス／ジンバブエ、ザンビアとも滝から約19kmのところに空港がある。南アフリカのヨハネスブルク（日本から約20時間）で乗り継ぎ、どちらかの空港へ行くのが一般的。

旅のヒント
滝の迫力ある姿を見るなら水量の豊富な季節に訪れるのが普通ですが、ここでは水量が多い時期は飛沫で何も見えず、シーズンは乾季に限られます。最も水量の少ない滝でこの迫力。雨季の滝は想像できません。

上／高さ110mの滝を下から見上げる。谷底ではラフティングも楽しめる

左／ザンベジ川の橋の上から、落差100mの大迫力のバンジージャンプもできる

地下からしみ出した硫黄やミネラルが造りだす世界は
地上でも最も鮮やかな色彩の場所かもしれない

9
GREEN

ダロール火山

Dallol Volcano

旅の予算
60万円〜
（14日間のツアー料金）

塩分が結晶化して造りだす棚田のような地形
自然の造形と色彩の妙

9

GREEN

ダロール火山

Dallol Volcano

別の惑星に来たかのような鮮やかな色彩の火山が招く

エチオピアのダナキル低地にあるダロール火山は、火口が海面より低いところに位置しています。その標高はなんと海抜マイナス45m。ここは地球上で最も低い火山なのです。

目を引くのは、まるで別の惑星かと見紛うような鮮やかな色彩です。地下水が火山の熱に温められ、地中の硫黄やミネラル成分とともに湧き出したことによってこのような光景が作られました。

ダロール火山のあるダナキル低地は地上で最も暑い土地とされ、夏の気温は50度を超えます。強酸の沼は生物の棲めない死の世界です。地上で最も過酷な環境が生み出した奇跡の風景、それがダロール火山です。

★ベストシーズン

1 2 3 4 5 6 7 8 9 10 11 12 月

★言葉／英語、アムハラ語

★日本からのアクセス／バンコクやドバイ、イスタンブール経由でエチオピアのアディスアベバへ約20時間。国内線で北東部の町メケレへ飛び、そこから四輪駆動車で6時間。

旅のヒント

ダナキル低地は地上で最も過酷な環境の地で、体力に自信のある方向け。ダロール火山のほか、エルタアレ火山登山やアフデラ湖の塩田などをめぐる3泊4日のキャンピングツアーに参加するのがおすすめです。

地下からしみ出す物質は様々な形になる
ここでは硫黄などが固まって蜂の巣のような
幾何学模様を作りだした

世界自然遺産に登録されている貴重な場所
保護区となっているので丘を登ることはできない

旅の予算
12万円〜
（4日間のツアー料金）

9
GREEN

チョコレートヒルズ

Chocolate Hills

彼方まで続く緑の小さい丘
不思議なパノラマが目の前に

数千の島々からなるフィリピンにはユニークな島があります。チョコレートヒルズと呼ばれる、小丘が地平線の彼方まで続いている不思議な風景が見られるボホール島もそのひとつです。

この場所があるのは、セブ島にも近いボホール島のほぼ中央。“チョコレート”の名がついている理由は、ふだんは緑に覆われている小丘が4〜6月の乾季に草が枯れて茶色に色づき、まるでチョコレートの山のように見えるから。その数は1200以上もあるといわれています。

これらの小丘のほとんどは石灰岩からなり、昔は海底だったそうです。しかしなぜこの形になったのかは謎も多く、様々な伝説が残されています。

★ベストシーズン

1 2 3 **4** **5** **6** 7 8 9 10 11 12 月

★言葉／英語、タガログ語

★日本からのアクセス／マニラへは直行便で4時間。ここで飛行機を乗り継ぎ、ボホール島最大の町タグビラランへ約1時間15分。そこからバスに乗って2時間半。

旅のヒント

チョコレートヒルズを見下ろす展望台へ行くにはエレベーターなどはなく、214段の階段を上らなくてはなりません。チョコレートヒルズに隣接して宿泊施設チョコレート・ヒルズ・コンプレックスがあります。

上／チョコレート色になった乾季の丘が広がる
下／丘の麓はこのような長閑な田園地帯

こんな急峻な山の上まで、どこからどのように
これだけの石を運んだのか、謎は尽きない

9

GREEN

旅の予算
27万円～
（7日間のツアー料金）

マチュピチュ

Machu Picchu

聖なるアンデスの山懐に築かれた インカ帝国の栄光が今に残る

絶壁のような急峻な山々が聳えるウルバンバの谷の奥、聖なる山ワイナピチュの足元に、インカ帝国の都市マチュピチュは築かれました。急な山の斜面を登り、敷地に入りしばらく進むと、突然視界が開け、聖なる山を背にした遺跡が眼下に現れます。麓からはその存在を窺い知ることがまったくできませんが、誰もが一度は写真などで目にしたことがある風景です。

15世紀に標高2280ｍの山頂に築かれた城塞都市マチュピチュには、太陽の神殿や宮殿のエリアと一般の居住エリアがあり、ここから山肌に刻まれた段々畑を見下ろすと、目がくらむほどです。雲海が晴れて徐々にマチュピチュが姿を現す場面は、神々しささえ感じられるでしょう。

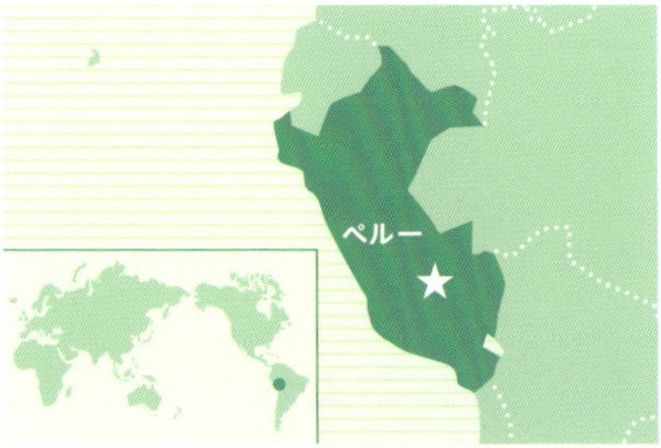

★ベストシーズン
1 2 3 4 5 6 7 8 9 10 11 12 月

★言葉／スペイン語、ケチュア語
★日本からのアクセス／北米経由でペルーの首都リマに飛び、リマからは空路またはバスで拠点の町クスコへ。麓のアグアスカリエンテスまでは観光列車で４～５時間。遺跡までバスがある。

旅のヒント
一番有名な遺跡の全景を見るスポットは、遺跡の最南端にある見張り小屋。背後のワイナピチュ山に登ることも可能ですが、人数制限があるので、確実に登りたいなら現地に入る前に予約しておくといいでしょう。

石組みで造られた
遺跡の中を歩いてみると
その精巧さに驚かされる

最大落差82mを流れ落ちるその水量に圧倒される
雨季は水量が多すぎて水煙で滝壺が見えにくくなることも

旅の予算
34万円～
（7日間のツアー料金）

9
GREEN

イグアス滝

Iguazu Falls

人間の存在の小ささを実感する 桁外れの大きさのパワースポット

ブラジルとアルゼンチンの国境を流れるイグアス川が屈曲したところにある世界最大の滝。かつてここを訪れたアメリカ大統領夫人が「かわいそうなナイアガラ……」とつぶやいたという逸話は有名です。日本で知られる世界三大瀑布（ヴィクトリア、ナイアガラ）のひとつですが、その大きさは他のふたつの滝をはるかに凌駕しています。滝はひとつではなく、水量によってそのスケールが変化し、最も水量の多いときは、滝の数が300、幅が4kmにもなります。

アルゼンチン側にある最も大きな滝壺は「悪魔の喉笛」と呼ばれ、すぐそばの展望台からみると、今にも滝に吸い込まれてしまいそうな迫力があります。

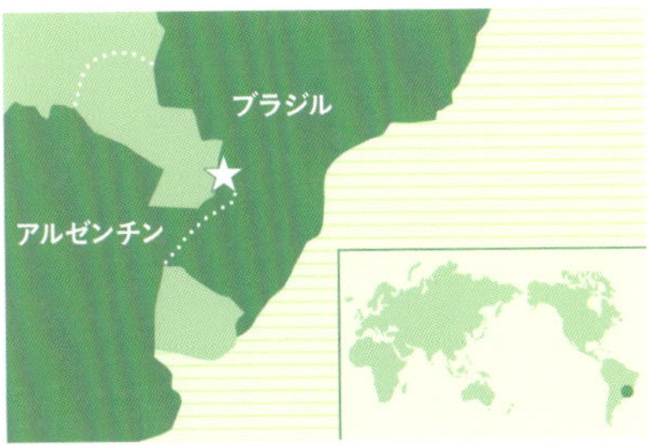

★ベストシーズン

1 2 3 4 5 6 7 8 9 10 11 12 月

★言葉／ポルトガル語、スペイン語

★日本からのアクセス／北米の都市で乗り継ぎ、ブラジル、アルゼンチンの主要都市で再度乗り継いで滝の最寄りの空港へ。そこからさらにバスや鉄道を乗り継いで行く。ツアーも多く出ている。

旅のヒント

滝の全体像を見るなら、ヘリコプターによる遊覧飛行がおすすめです。アルゼンチン側、ブラジル側両方からのアプローチがあります。料金はふたりで200USドル程度。約10分の飛行です。

上／ヘリコプターの遊覧飛行で「悪魔の喉笛」を眺める
下／滝壺にボートで近づくツアーも人気 全身びしょ濡れになる

ゴールデンジェリーフィッシュが漂う不思議な世界
環境を考えてスクーバダイビングは禁止されている

旅の予算
10万円～
（5日間のツアー料金）

9
GREEN

ジェリーフィッシュレイク
Jellyfish Lake

無数のクラゲが浮遊する湖は まるで地上の小宇宙

ゴーグルを着けて湖に潜ると視界一面広がるフワフワと浮遊する無数のクラゲたち。そんな幻想的な光景が見られる場所が、太平洋の島々からなる国、パラオにあります。

ロックアイランドは、世界自然遺産に登録されている様々な生き物が棲む島。サンゴ礁からなる島々は、一つひとつ異なった様相の景色を見せていますが、そのなかの島に、森に埋もれた湖ジェリーフィッシュレイクがあります。

大昔になんらかの原因で外の海と隔絶されてしまったために、ここに生息するクラゲは独自の進化を遂げました。その結果毒をもったトゲが弱まり、人が一緒に泳いでも危険ではなくなったのです。

★ベストシーズン
1 2 3 4 5 6 7 8 9 10 11 12 月

★言葉／パラオ語、英語
★日本からのアクセス／直行便（所要4時間半）もあるが、グアム乗り継ぎ便（5時間）のほうが便数が多いので計画を立てやすい。島に到着後はツアーに参加して湖へ。

旅のヒント
ジェリーフィッシュレイクへ行く現地のツアーは、たいていいくつかの場所を組み合わせたものです。なかでも人気は泥パックで有名な「ミルキーウェイ」です。入江で身体に土を塗ってみましょう。

湖はロックアイランドのひとつのマカラカル島にある

自然と一体となった人工の滝
大迫力の水しぶきによって虹の橋が現れる

旅の予算
15万円〜
（ローマへの6日間のツアーと滝への交通費合計）

9
GREEN

マルモレ滝
Marmore Falls

古代ローマ人の叡智を垣間見せる自然と調和した大瀑布

今も残る多くの建築物や施設により、再認識させられる古代ローマ人の土木・建築技術の高さ。しかし彼らが造ったのは建物だけではありません。

このマルモレ滝は、今から2000年以上も前に水利目的として人工的に造られたもの。大型建設機械もない時代に、こんな巨大な滝を人間が造ったことにまず感動。現在は緑に囲まれた美しい風景が楽しめるスポットになっています。

ヨーロッパ随一という落差165mの滝は三段に分かれており、最大落差は83m。その全貌は、滝の下の公園から見ることができます。ここから眺めていると、轟音とともに落下する滝のパワーに、言葉を失うことでしょう。

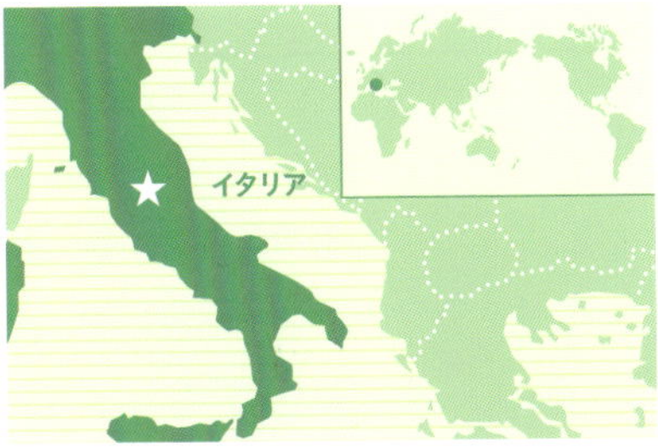

★ベストシーズン
1 2 3 4 5 6 7 8 9 10 11 12 月

★言葉／イタリア語

★日本からのアクセス／ローマまで直行便、または乗り継ぎ便で飛び、そこからテルニへ高速列車で約1時間。テルニのバスターミナルからローカルバスに乗り、約20分ほどで滝に到着。

旅のヒント
滝は水門を閉める日や時間帯が決まっているので、事前に放水時間を確認していきましょう。テルニの町にはバレンタインデーの起源となった、聖人バレンタインの教会があり、世界中から恋人達が集まります。

滝周辺はラフティングやカヤックが人気のアクティビティ
初心者でもインストラクターがつくので安心

波打つ緑の大地と規則正しく立つ並木
人の手による美しい風景

9
GREEN

南モラヴィア

South Moravia

旅の予算
12万円～
（ウィーン5日間のツアーと
交通費の合計）

規則正しく並んだ緑はつづれ織りの
グリーンのカーペットのよう

9

GREEN

南モラヴィア

South Moravia

昔ながらの人々の暮らしが作る見渡す限りの緑の大地

チェコ東部のモラヴィア地方のうち、とりわけ南モラヴィアは、ナポレオンゆかりの古戦場が残る歴史ある土地で、世界文化遺産に登録されている文化財もあります。それでも首都プラハと比べればただの田舎。でもそのおかげで、昔からの生活スタイルが保たれ、美しい景色が残っています。

ここにあるのは見渡す限りの緑の平原。ゆったり波打つ丘陵地帯に広大な畑と牧草地が広がり、まばらにある立木が風景にアクセントをつけています。緑の大地の一部は、春には菜の花で、夏にはひまわりで黄色く染められます。人の手によってこんなにも美しい景色が作られることに、感動することでしょう。

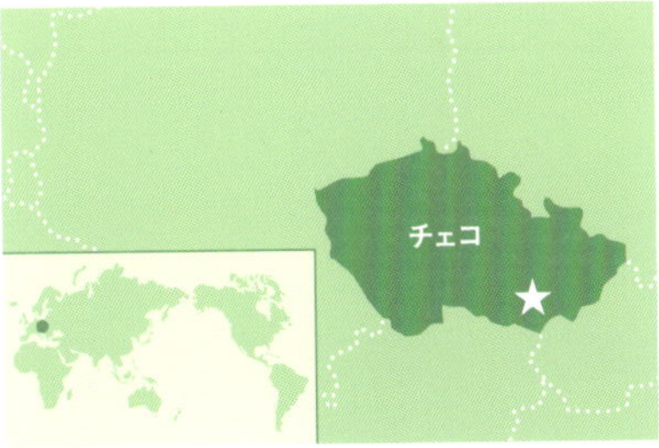

★ベストシーズン

1 2 3 4 5 6 7 8 9 10 11 12 月

★言葉／チェコ語

★日本からのアクセス／空路ウィーンへ。ウィーンからバス、または鉄道で南モラヴィア最大の町ブルノに到着（所要2～3時間）。プラハからなら鉄道で、約2時間30分でブルノに到着。

旅のヒント

南モラヴィアの大平原はウィーンからブルノへ向かう幹線上にあるので、移動は明るい時間帯がオススメ。車窓から緑の大平原が望めます。ブルノからバスで近隣の世界遺産に行くときも同様です。

丘陵地帯にあることで眼の高さから緑の広がりを感じることができる

恋人同士で歩くと願いが叶うと伝えられている
カップルで訪れる人が絶えない

旅の予算
15万円～
（5日間のツアー料金）

9
GREEN

愛のトンネル
Tunnel of Love

訪れる者を神話の世界へと誘う 幻想的な緑のトンネル

まるで別世界に通じていそうな神秘的な緑のトンネル。神話かおとぎ話の場面のようなこの美しいトンネルは、ウクライナの小村クレヴァニにあります。

愛し合っている恋人同士がこのトンネルをくぐると願いが叶うという伝説があります。最近はここで結婚式をあげるカップルも増えているそうです。トンネルは夏は緑一色ですが、秋には葉が黄色く色づき、冬には白く雪化粧、そして春にはまた新緑に染まります。

地面には草に覆われた線路が通っています。一見すると廃線のように思えますが、今も木材運搬などの鉄道路線として現役で使われています。通過する列車には十分ご注意を。

★ベストシーズン
1 2 3 4 5 **6** **7** **8** 9 10 11 12 月

★言葉／ウクライナ語、ロシア語
★日本からのアクセス／モスクワ、イスタンブール経由でキエフまで約13時間。そこから西のリヴィウまで特急で5時間。さらにバス、鉄道を乗り継いでクレヴァニ駅まで約6時間。

旅のヒント
近年人気の場所ですが、行き方が複雑なうえ英語はまず通じません。現地語で地名や駅名を書いた紙を持っていくと便利です。夏はトンネル内に蚊が多いので、蚊除けスプレーを持参した方がいいでしょう。

木材を運搬する鉄道路線として今でも使われているので、列車の接近には注意が必要

透明度の高い湖水と湖底の水草
そして湖畔の緑が不思議な光景を造りだす

旅の予算
9万円〜
(4日間のツアー料金)

9
GREEN

九寨溝《きゅうさいこう》

Jiuzhaigou Valley

繁茂する湖底の水草の緑と
周囲を取り囲む秋の紅葉が対照的

9

GREEN

九寨溝

Jiuzhaigou Valley

パンダが棲む奥深い山にある大自然の神が宿る湖

自然のものとはにわかに信じ難い鮮やかな翡翠色をした湖が、四川省北部の山岳地帯にあります。チベット族が住む9つの集落があったことから「九寨溝」と呼ばれている世界自然遺産です。

九寨溝は標高2000～3400mに位置する、カルスト地形の湖水地帯。湖底に沈んだ倒木まではっきり見えるほど透明度の高い湖水は、この地が持つ石灰質によるものです。

この九寨溝の絶景は、湖面に映る周辺の景色と湖底の堆積物が一体となって生み出されます。若葉色の春の新緑、夏の濃い緑、紅葉の赤、積雪の白……。四季折々、訪れる時期によって異なる表情を見せてくれるのが、九寨溝の魅力です。

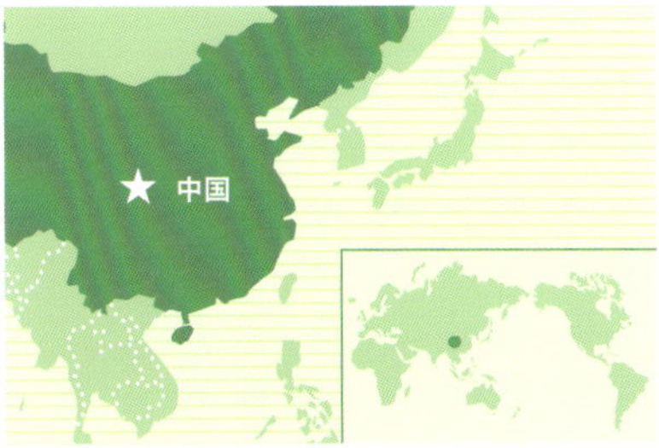

★ベストシーズン

1 2 3 4 5 6 7 8 9 10 11 12 月

★言葉／中国語

★日本からのアクセス／四川省の成都で乗り換え九寨黄龍空港へ。空港から自然保護区までバスで1時間半。成都からはバスもあり、新南門か茶店子バスターミナルから九寨溝へ所要約9時間。

旅のヒント

同じく世界遺産に登録されている黄龍も一緒に訪れてみたいところ。黄龍にある棚田のような五彩池は光の加減によって水の色が変わることで知られています。この神秘的な池は九寨溝ツアーの目玉のひとつです。

まるで絵具を流し込んだような鮮やかな青い湖面が印象的

奥で噴煙を上げているのがスメル山
手前左の火口がブロモ山で右がバトッ山

旅の予算
16万円〜
（ジャカルタまでの航空券と
3泊の宿泊、
現地発ツアーの合計）

9
GREEN

スメル山
Mount Semeru

ジャワの東に朝日が差し神々が住む聖なる山が浮かび上がる

朝靄の中、ぼんやりと見える噴煙を上げる山々……。そしてジャワ島最高峰のスメル山の向こうに太陽が昇ると、目の前に荘厳な光景が現れます。

たくさんの火山があるインドネシアの島々。その火山の多くは今も活動中で、このジャワ島東部にあるスメル山も噴火を繰り返しています。手前で大きな火口を広げて噴煙を上げている山はブロモ山。これらの山々は、この一帯に住むテングル人にとって神々が宿る神聖な地。ここを訪れるとその霊的な力を感じます。

この壮大な景色を見るのには、やはり日の出が一番でしょう。プナンジャカン山の展望台には、この絶景を見ようと朝暗いうちから人々が集まります。

★ベストシーズン
1 2 3 **4 5 6 7 8 9 10** 11 12 月

★言葉／インドネシア語、ジャワ語
★日本からのアクセス／ジャカルタかデンパサール乗り継ぎでスラバヤへ。そこからバスなどを乗り継ぎ、観光の起点となるチェモロラワン村へ（所要約5時間）。タクシーで行くと約4時間。

旅のヒント
ご来光を展望台から観るツアーは現地のチェモロラワン村のほか、周辺の町マランなどからも出ています。早朝4時に出発し車で展望台へ。日の出を見た後はクレーターへ下り、徒歩でブロモ山の火口の縁まで歩きます。

日が出ると霧が少しずつ晴れ山々が姿を現す
これらの火山は今でも小爆発を起こしており
近づくのが危険な時もある

9

GREEN

エトリザエイ島

Elliðaey Island

旅の予算
30万円〜
（レイキャビクまでの航空券、
6日間の宿泊
レイキャビク発
日帰りツアーの合計）

緑の中に世界一寂しい家が建つ絶壁に囲まれた島

　エトリザエイ島はアイスランドの南にあるヴェストマン諸島のひとつです。切り立った断崖、すり鉢形の緑の大地にぽつんと建つ白い一軒家。絶景という言葉がこれほど似合う場所もないでしょう。

　ヴェストマン諸島は数千年前からつづく海底火山の爆発によってできました。16世紀には海賊の基地として使われていたこともあります。諸島の中でもエトリエザイ島の独特の地形はひときわ目を引きます。一軒だけある家は島に棲息するツノメドリ猟のための夏の狩猟小屋です。ふだんは島に人は住んでいません。

　冬には島は雪の白いベールで覆われますが、春の訪れとともに緑のじゅうたんがよみがえります。

★ベストシーズン

1 2 3 4 **5** **6** **7** **8** 9 10 11 12 月

★言葉／アイスランド語、英語

★日本からのアクセス／ヨーロッパの都市乗り継ぎでレイキャビクへ。約15時間。国内線でヴェストマン諸島のヘイマエイ島まで25分。上陸はできないので、ボートツアーで海から眺めることになる。

旅のヒント

島の一軒家はアイスランド出身で世界的に有名な歌手ビョークが所有しているという話がありますがこれは誤り。家はエトリザエイ狩猟協会の所有で使用できるのは会員だけということになっています。

「この家の暮らしはどのようなものだろう……」
この絶景を見たら誰もが想像力を膨らませるだろう

乾燥した地域なので瑞々しい緑の風景は貴重
雨が多くなるのは例年11月以降

旅の予算
22万円～
（このエリアを含む
9日間のツアー料金）

9
GREEN

ザハラ・デ・ラ・シエラ

Zahara de la Sierra City

湖と緑と花に囲まれた アンダルシアの白い村

スペイン南部アンダルシア地方には、家の壁が白く塗られた「白い村」がたくさんあります。夏季、強烈な日差しに晒されるこの地方では、石造りの家屋の外壁を白く塗ることで、太陽光を反射させて屋内が熱くなることを防いでいます。

アンダルシアは乾燥した土地ですが、この村は湖の近くにあるためか、他のエリアに比べると緑が濃く感じられ、また春になると周辺にはたくさんの花が咲き、白い村をいっそう引き立てています。

村の背後に聳える城は、この地がイスラム帝国の勢力下にあった時代に建てられたもの。今は美しく、長閑な村の姿からは、かつては歴史に翻弄された過去があるようには思えないでしょう。

★ベストシーズン
1 2 3 **4** **5** **6** 7 8 **9** **10** 11 12 月

★言葉／スペイン語

★日本からのアクセス／ヨーロッパの都市で乗り換え、アンダルシアの中心地セビーリャへ。（約16時間）。ここからバス、または車で1時間半。

旅のヒント

アンダルシアの観光の中心セビーリャから、崖の上にある村ロンダRondaに向かう途中にあり、バスで行くこともできますが、やはりレンタカーを利用すると楽しみが増すことでしょう。

毎年5～6月に行われるキリスト教の祭り聖体祭
この村で行われるものはスペイン国内でも有名で
祭りを見るために国内外から多くの人が訪れる

異世界の生き物のようにも見える竜血樹
この木の樹脂「竜血」は古代から薬や
染料として用いられてきた

旅の予算
23万円〜
（8日間のツアー料金）

9
GREEN

ソコトラ島
Socotra Island

ファンタジーの舞台が目の前に 空想の世界のような島

奇妙な形をした様々なバオバブの木、ファンタジーに出てきそうな竜血樹、聖書に出てくる乳香の木。ソコトラ島はそのまま物語やゲームの舞台になりそうな、インド洋に浮かぶ島です。

この島は約2000万年前にアフリカ大陸から分離したと考えられており、それ以降島内の動植物は隔離された環境のなかで独特の進化を遂げました。そして植物の3分の1以上、動物の約9割が固有種という特異な生態系が作られました。

ソコトラ島のシンボルともいえる竜血樹は、島の中央部のディクサム高地に群生しています。青い空を背景に広がる竜血樹の林は、地球上でここでしか見られない不思議な景色です。

★ベストシーズン
1 **2** 3 4 5 6 7 8 9 10 **11** **12** 月

★言葉／アラビア語
★日本からのアクセス／ドバイなどを経由してイエメンの首都サナアへ。約20時間。国内線に乗り継ぎ、ムッカラ経由でソコトラ島まで約2時間。竜血樹が群生するディクサム高地へは車で数時間。

旅のヒント
2008年に世界遺産に登録されたソコトラ島は、ディクサム高地のほかにも、美しいビーチや珍しい洞窟など見どころが盛り沢山。最低2泊3日はかけ、四輪駆動車によるツアーなどを利用しましょう。

竜血樹が群生するのは標高1000mのディクサム高地
その不思議な景色は一度見たら忘れられない

イルリサットアイスフィヨルド（グリーンランド）

WHITE

「まっさら」に生まれ変わる白の絶景

ピュアでニュートラルなイメージがあるホワイト。
いっぽう「真っ白になる」という言葉があるように、
エネルギーを使い果たしてしまったときに私たちが行き着く色でもあります。
一度すべてをまっさらにした後は、また新しい色を重ねたくなるでしょう。

ここはホッキョクグマと共存する島
町の外に出るときは銃を携帯しなければならない

旅の予算
125万円～
（15日間のツアー料金）

10
WHITE

スヴァールバル諸島
Svalbard Islands

そこは人間が暮らす最北の地
すべての生命が短い夏を謳歌する

島に近づいた飛行機が高度を下げると、島を覆う巨大な氷河が眼下に見えてきます。スヴァールバル諸島は、ヨーロッパ最北の岬、ノルウェーのノールカップよりもさらに1000km北に位置する、人間が定住する最北の地です。

ここはノルウェーでも最大級の氷河が大地を覆い、陸地の半分以上が氷の下にある不毛の島です。短い夏に現れる土地は痩せていて、植物が自生できる土地はほんのわずか。しかし、この厳しい環境にありながら、この島は豊かな野生動物の宝庫なのです。無数の野鳥やホッキョクグマ、トナカイ、アザラシなどの動物たちは逞しくこの地で生きています。短い夏は島の生命が躍動する季節なのです。

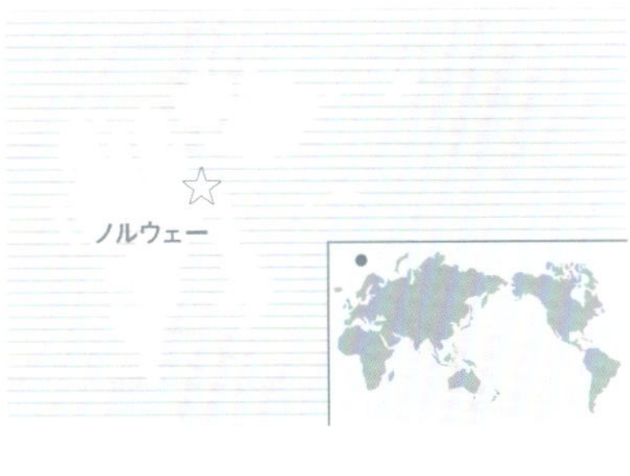

★ベストシーズン
1 2 3 4 5 6 7 8 9 10 11 12 月

★言葉／ノルウェー語

★日本からのアクセス／ヨーロッパの都市を経由して、ノルウェーの首都オスロへ。オスロからスヴァールバル諸島の首都ロングヤービエンまでは、スカンジナビア航空の直行便で約3時間。

旅のヒント

島で2番目の規模のロシア人の町、バレンツブルクを訪れる北極海クルーズがおすすめ。大きな炭鉱の工場や重厚な石造りの町並み、レーニン像が立つ広場など、ソ連時代からときが止まったような町の中を歩きます。

北極海に囲まれ、氷河に覆われた最果ての島
自然は厳しいが限りなく美しい
人間のちっぽけさと自然への畏怖を感じる

10
WHITE

旅の予算
38万円～
（サンルイスまでの航空券と現地発４日間のツアーの合計）

レンソイスマラニャンセス国立公園

Lencois Maranhenses National Park

自然のメカニズムによる奇跡 純白の砂丘にエメラルド色の湖

衛星写真で見ても、この場所だけは白く輝いて見えるといわれるほど、信じられないような純白の大砂丘がどこまでも広がる国立公園。砂丘の砂はほぼ100パーセント石英。それがブラジルの強烈な太陽光線に反射して、白く輝くのだといわれています。こんな砂丘は世界でもここだけ。まさに奇跡の大砂丘群でしょう。

そして、半年ごとに訪れる雨季の間だけ、真っ白な景色が劇的に変わります。普段は砂の下に隠れている地下水の水位が雨によって上がり、砂丘の谷間に湧き出てたくさんのエメラルド色の湖を作るのです。砂丘の白と、エメラルド色の湖が織り成す大自然の景観は、まさに奇跡のハーモニーといえるでしょう。

★ベストシーズン

1 2 3 4 5 6 7 8 9 10 11 12 月

★言葉／ポルトガル語

★日本からのアクセス／空路リオデジャネイロまたはサンパウロで乗り継ぎ、サンルイスへ。そこからレンソイスマラニャンセス国立公園に最も近いバヘリーニャスまでは、バスで4～6時間。

旅のヒント

湖が出現する雨季は、砂漠がぬかるんで四輪駆動車でも中心部には入れません。国立公園を歩いて見ることになりますので、雨具の装備が必要です。未開発のところなので、観光施設は十分ではありません。

白い砂丘の中に雨季のときだけ湖が出現する

島内の建物はすべて真っ白
澄みきった青い海と空が島を引き立てる

旅の予算
16万円～
（7日間のツアー料金）

10
WHITE

ミコノス島
Mykonos Island

青と白のコントラストが眩しい 絵本から抜け出したような島

2500あまりの島々が散らばるエーゲ海。そのひとつミコノス島は、「エーゲ海に浮かぶ白い宝石」の名で親しまれているように、世界で最も美しい島といっても過言ではないでしょう。

この島の魅力は、町の眺望を抜きに語れません。家々の壁は真っ白に、窓枠や扉は海と同じ鮮やかな青に塗られているのです。ほかにも白い教会や細い石畳が続き、高台から見渡す街並みは、まるで絵本のような可愛らしい景色です。

そして強い太陽の陽射しが白い壁と青い海に反射し、島の美しさを一層際立たせます。その姿は、まさに「白い宝石」がマリンブルーのエーゲ海に浮いているようで、ため息が出るほどです。

★ベストシーズン
1 2 3 4 5 6 7 8 9 10 11 12 月

★言葉／ギリシャ語

★日本からのアクセス／ヨーロッパの都市を経由してギリシャのアテネへ行き、そこから国内線で約35分。夏はヨーロッパからの直行便も増える。アテネからは高速フェリーで5時間半ほど。

旅のヒント
夏は世界中からバカンス客が訪れるリゾート地。風車のある風景と白浜のビーチがミコノス島の名物です。島内の移動はレンタルバイクが便利。人気のサントリーニ島までは高速フェリーで2時間半ほどで行けます。

小高い丘へ登ると
エーゲ海と町が見渡せる
細い路地を
散策するのも楽しい

手が込んだ装飾のワットロンクンは
いつ行っても建設中
「タイのサグラダファミリア」とも

旅の予算
14万円〜
（5日間のツアー料金）

10
WHITE

ワットロンクン
Wat Rong khun

南の国に現れた雪のように白く そして不思議な寺院

水田と畑が広がるミャンマー国境にも近いチェンライの国道1号線。そんなのどかなタイ北部の風景の中に突如現れる、白い寺院がワットロンクンです。そのまぶしいほどの白さは、雪を固めて造ったようにも見えます。

このワットロンクンは、地元の芸術家チャルーンチャイ・コーシピパット氏が1997年に建設を始めました。一見タイの伝統的な寺院建築のように見えますが、正面にまわるとドクロや無数の人間の腕の装飾が施され、自由で前衛的なアートを感じる、かなりユニークな寺院です。

周辺の風景には馴染まないワットロンクンですが、訪れた人はきっとその不思議な世界に引き込まれてしまうでしょう。

★ベストシーズン
1 2 3 4 5 6 7 8 9 10 11 12 月

★言葉／タイ語
★日本からのアクセス／バンコク到着後、国内線に乗り換えてチェンライへ。チェンライ第2バスターミナルよりチェンマイ方面行きバスに乗り、途中下車。またはトゥクトゥクに乗り約20分。

旅のヒント
ワットロンクンはチェンライ市内より南に約14kmのところなので自転車やバイクでも行くことが可能。国道1号線沿いにはビッグCなどのスーパーマーケットや寺院もあり、散策におすすめです。

ここから本堂に入るとドラえもんやウルトラマン、スパイダーマンまで登場する壁画がある

おもちゃのようなカラフルな家々の背後に
入江に浮かぶ巨大な氷塊が聳える

旅の予算
25万円～
（コペンハーゲンまでの
往復航空券と現地発6日間
ツアーの合計）

10

WHITE

イルリサットアイスフィヨルド

Ilulissat Icefjord

自然の驚異の力に圧倒される
紺碧の海に浮かぶ無数の氷山

島の85％が氷と雪に覆われた島、グリーンランド。そこに住むイヌイットの人々は、その沿岸部のわずかな大地にしがみつくように暮らしています。

色とりどりに塗られた三角屋根の木造の家々が並ぶ小さな町は、おとぎの国のようなかわいらしさ。しかし、そのすぐ背後には峻烈な山々と氷河が迫ります。そして目の前の湾には、氷河から流れ落ちた氷塊が漂っているのです。

ボートで近づくと、小さく見えた氷塊が、実は高層ビルひとつ分くらいの巨大なものであることが分かります。氷山の群れが、太陽の光を受けて白く青く輝き、凪いだ紺碧の海に鏡のように映る光景は、ここでしか見ることができません。

★ベストシーズン
1 2 3 4 5 **6 7 8 9** 10 11 12 月

★言葉／グリーンランド語（イヌイット語）、デンマーク語

★日本からのアクセス／ヨーロッパの都市を経由して、アイスランドのレイキャビクへ。夏季はここから直行便があり、イルリサットまで約3～4時間。デンマークからの便もある。

旅のヒント

おすすめは現地のオプショナルツアー「ミッドナイトサンクルーズ」。深夜0時頃になると、氷山が朝日に淡く色づき始め、やがて茜色に染まっていきます。地球の美しさを心から感じる瞬間です。

氷塊は遠くから見るよりはるかに巨大
でも海上に見えている部分は
そのほんの一部にすぎない

スウェーデン最高峰ケブネカイセのハイキング
夏なら初級者でも歩けるコースがある

旅の予算
17万円〜
（6日間のツアー料金）

10

WHITE

ラップランド

Lapland

北極圏の地の果てで体感する人間の力強さ

ラップランドとは、ノルウェー、スウェーデン、フィンランド北部からロシアにかけての広大なエリアにまたがる、北極圏の一部を指します。雄大な自然そのものが一番貴重な観光資源ですが、この地で厳しい自然と折り合いながら生きる先住民族サーミの人々の暮らしや精霊信仰に触れるという体験も、この土地ならではの魅力でしょう。数はだいぶ少なくなってしまいましたが、トナカイの放牧で生計を立てている人もいます。

夏は太陽が沈まない「白夜」を体験するのもいいですが、あえて環境の厳しい冬に雪に覆われた世界を楽しみましょう。有名な氷で造られたアイスホテルも、スウェーデンのラップランドにあります。

★ベストシーズン
1 2 3 4 5 6 7 8 9 10 11 12 月

★言葉／スウェーデン語

★日本からのアクセス／日本からの直行便はない。首都ストックホルムまでは乗り継ぎ時間を含めて、所要時間は13〜16時間ほど。そこから国内線で1時間半でラップランドの都市キルナへ。

旅のヒント

同じ民族が住むラップランド。ノルウェーやフィンランドでも同様の体験ができます。自分の興味とアクセスなどを考え、旅の計画を。冬を体験したいなら、各国から出ているオーロラツアーに参加するのが一番手軽です。

トナカイの放牧の様子を
眺めることも可能
またトナカイのソリに乗ったり
トナカイ肉を食べたりすることも

10

WHITE

モンサンミッシェル

Mont Saint-Michel

旅の予算
13万円〜
(7日間のツアー料金)

干潮時、砂浜に浮かび上がった島の姿
時間、天候、潮位など様々な条件でその姿は変化する

古くから巡礼者達が訪れた 海に浮かぶ“天使”の島

海が近づくにつれ、羊が放牧されているのどかな田園風景の向こうに、小山のように盛り上がった島の姿が見えてきます。白い石壁に囲まれた島の中心にある修道院の尖塔が目を引きます。海に囲まれた孤城のような姿は、物語の中に登場する魔女が住む館のようにも見えます。

穏やかに見えるサンマロ湾ですが、潮の干満の差が激しいため、以前は干潮時にしか島への出入りができませんでした。現在は堤防と道路が整備されて、いつでも安全に訪れることができます。

この修道院は、大天使ミカエルのお告げによって生まれました。この島の神秘的なたたずまいは、今も訪れる人々に厳粛な気分を抱かせます。

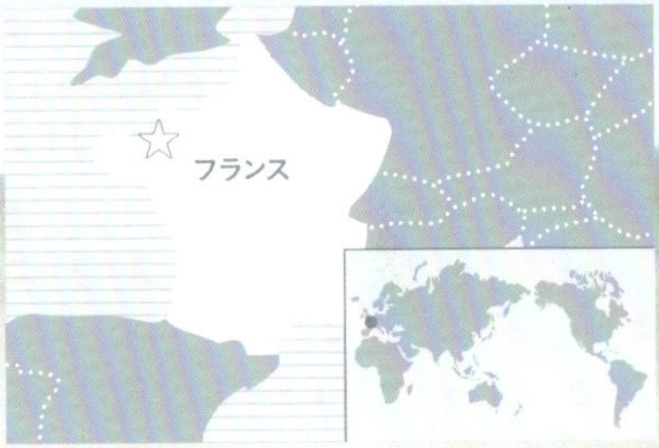

★ベストシーズン

1 2 3 4 5 6 7 8 9 10 11 12 月

★言葉／フランス語

★日本からのアクセス／パリまで直行便で約12時間。パリからモンサンミッシェルまでは新幹線（TGV）とバスを乗り継いで3～4時間。パリからの日帰りバスツアーが便利。

旅のヒント

モンサンミッシェルの名物料理といえば「オムレツ」です。一人前の量に驚きますが、フワフワの食感であっという間にお腹の中へ消えてしまいます。お土産には、塩バターキャラメルや焼き菓子もおすすめ。

10

WHITE

パムッカレ

Pamukkale

旅の予算
17万円～
（9日間のツアー料金）

真っ白な段丘に湧き出たお湯で足湯が楽しめる
高い場所からの眺望も感動的

空の色を映した湧水が覆う
雪で作られたような城塞

純白の棚が連なるパムッカレ。遠くから眺めると、まるで雪の城が建っているようです。そのロマンティックな景観は、何千年もかけて自然が作りだした石灰棚によるもの。炭酸カルシウムが溶け混んだ雨水が地下水となり、それが地熱で温められて温泉となり再び地上に出てきます。水に含まれた成分が棚上に沈殿してこのような風景を作りだしました。

息を呑むほど美しいのが、湧き出る水たまりの色です。これは水自体に色が付いているのではなく、空の色を反射してエメラルドグリーン色に見えるのです。夕焼けどきには、夕日を反射し淡い茜色に見えることも。変化する水の色の美しさは幻想的です。

★ベストシーズン

1 2 3 4 5 6 7 8 9 10 11 12 月

★言葉／トルコ語

★日本からのアクセス／イスタンブールから乗り継いで、最寄り空港のチャルダーまで約1時間15分。空港からデニズリ市内までシャトルバスで約1時間、ミニバスに乗り換えて30分ほど。

旅のヒント

近くには世界遺産の「ヒエラポリス」というローマ時代の遺跡があります。古代の温泉保養所として栄え、現在も水底にローマ時代の遺跡が沈む珍しい温泉もあり、入浴することができます。

旅の予算
17万円〜
(5日間のツアー料金)

10
WHITE

セブンマイルブリッジ

Seven Mile Bridge

昼間より朝夕の太陽が傾いた時間帯のほうが
ドラマチックな景色が楽しめる

水平線に消える2本の道は
世界で最も絵になるハイウェイ

アメリカ東海岸の南端フロリダ半島の先に、東西約290kmにわたって連なるフロリダキーズと呼ばれる約50の島々があります。ハワイを除くとアメリカ最南端であるこの島々は、1本の道路で結ばれています。半島から島に渡る橋を超えると最初の町がキーラーゴ。ここから最南端の町キーウエストまで約180kmの道のりです。島々を結ぶ大小42の橋の中で最長のものがセブンマイルブリッジ。長さは約11km。並行して2本の道路が走っているように見えますが、西側の橋は使われておらず、途中で切れていて通行できません（歩くことは可能）。真っ青な海の中を延びる白い道路は、テレビCMや映画にしばしば登場しています。

★ベストシーズン
1 2 3 4 5 6 7 8 9 10 11 12 月

★言葉／英語、スペイン語
★日本からのアクセス／最寄りの都市はフロリダ州のマイアミ。日本からの直行便はないので、アメリカ国内で乗り継ぐ。所要約17時間。マイアミから車で約2時間。

旅のヒント
マイアミからは現地発の日帰りツアーも多数出ていますが、やはり自分のペースで移動できるレンタカーがおすすめ。途中の島で止まりつつ、できればフロリダキーズの終点キーウエストまで行って1泊したいところ。

大理石の白が青い空に映えわたる
床には花の模様があしらわれている

旅の予算
20万円～
(7日間のツアー料金)

10
WHITE

グランドモスク

Grand Mosque

鮮やかな青い空と白い建物の対比美の極みのようなモスク

ぬけるように青い空に純白の大理石のドーム。蒼天をつく白い塔。その青と白とのコントラストの美しさに、訪れる者はまず圧倒されます。アブダビのグランドモスクは厳粛な宗教施設でありながら、官能的な美しさを感じさせる中東の建築物の傑作です。

美しいのは外ばかりではありません。内部は黄金をあしらったアラベスク模様の浮き彫りで、きらびやかに飾られています。ドームの数は80にも及び、最大のドームの下には重さ9.5tという世界最大の黄金のシャンデリアがつり下げられています。どこを見回しても、その圧倒的なスケール、豪華絢爛さ、そして美しさに言葉を失うでしょう。

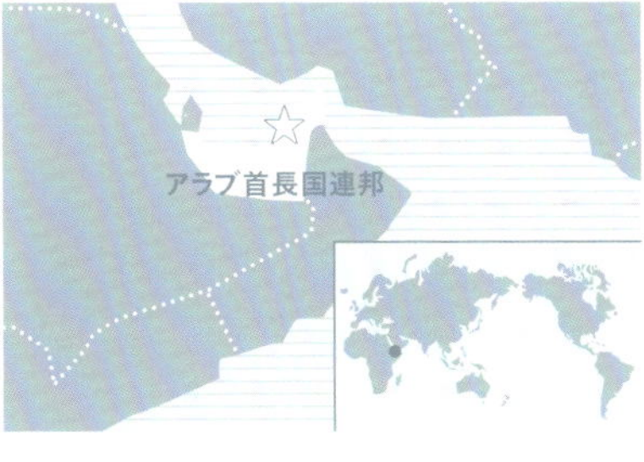

★ベストシーズン
1 **2** **3** 4 5 6 7 8 9 10 **11** **12** 月

★言葉／アラビア語
★日本からのアクセス／日本から直行便でアブダビまで約10時間。アブダビ国際空港からタクシーやバスで約20分。またはドバイも近いのでドバイ行きに乗り、空港からタクシーで約2時間。

旅のヒント
礼拝のある金曜日の午前中以外は、異教徒でも入場できます。女性は髪と体を覆う民族衣装のアバーヤを無料で借りられます。英語のガイドツアーもあります。夜間にはモスク全体がライトアップされます。

中庭の回廊には金をあしらった
1000本の柱が立ち並ぶ
参拝者の収容人数は4万人にもおよぶ

GRAY

ヨークシャーデールズ国立公園（イギリス）

GRAY

心を「凪」にする灰色の絶景

グレーは神経を和らげてくれる効果があります。
疲れきっているとき、何も考えたくないときにこの色を眺めてみましょう。
ただし、長時間見続けると無気力になってしまうので注意。
「脳みそを空っぽにしたい」一時的なリセットに灰色の絶景はぴったりです。

旅の予算
45万円～
（最寄空港までの航空券と
現地ツアー、1週間の宿泊費、
交通費の合計）

11
GRAY

ヘネラルカレーラ湖

General Carrera Lake

浸食により洞窟の岩石の表面が大理石模様になり
湖面の光を反射して美しく輝く

ヘネラルカレーラ湖の中央にある洞窟が最大の見どころ

パタゴニアの氷河が作りだした世界で最も美しい洞窟と湖

南北に細長いチリの中部にあるヘネラルカレーラ湖はチリ最大の湖。氷河の融水を湛えた湖水は青みがかった乳白色です。湖の最大の見どころは、湖に浮かぶ小島にある大理石の洞窟でしょう。

それは“世界で最も美しい洞窟”と称されるマーブル・カテドラルです。洞窟の岩が浸食によって大理石の模様を描き、青白く輝く湖の反射光を受けてコバルトブルーに輝くのです。

パタゴニア一帯は寒く湿った気候ですが、この湖だけは晴天が多く、太陽光が湖に差すと洞窟は神秘的な輝きを放ち出します。それゆえ荒々しいパタゴニアの大自然のなかにあって、この湖は美しい宝石のように人々を引きつけているのです。

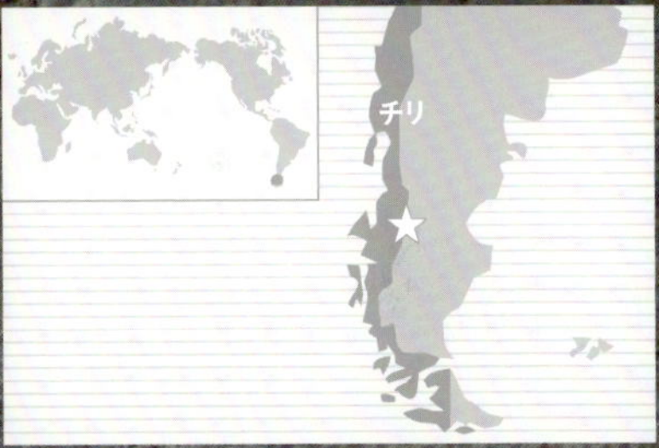

★ベストシーズン

1 2 3 4 5 6 7 8 9 10 11 12 月

★言葉／スペイン語

★日本からのアクセス／空路首都サンチャゴで国内線に乗り継いで最寄りのバルマセダ空港へ（所要30～40時間）。そこからアウストラル街道を南下して、湖畔の町プエルト・リオ・トランキーロまで車で3時間半。

旅のヒント

ヘネラルカレーラ湖はチリとアルゼンチンにまたがり、アルゼンチンではブエノス・アイレス湖と呼ばれています。また、アウストラル街道はすばらしい景観でも知られ、「自転車乗りの聖地」ともよばれています。

遺跡を食らうように成長する
大樹保存と修復が行われているが
自然の力にはかなわない

ひっそりとたたずむ仏像
多くの仏像の顔は
ヒンドゥー教徒によって削られた

旅の予算
8万円〜
（5日間のツアー料金）

11
GRAY

タプローム

Ta Prohm

遺跡を覆う樹齢300年の大樹
密林に潜む神聖な寺院へ

アンコール遺跡群のなかでも、際立って魅力的なタプローム遺跡。12世紀に仏教寺院として建立され、その後ヒンドゥー教寺院へと変遷しました。

19世紀半ばに発見されるまで、遺跡は森に埋もれていました。発掘作業が進んだ現在も、実は破壊が進んでいます。寺院全体に大樹ガジュマルが絡みつき、巨大な根が組石の隙間に入り込み、遺跡を飲み込もうとしているからです。

熱帯で育った樹齢300年を超える根は四方八方に伸び、その姿はまるで巨人が手のひらを広げて遺跡を掴んでいるようです。自然の力強い生命力が人間の造った寺院を凌駕する姿、それがタプロームの最大の魅力なのです。

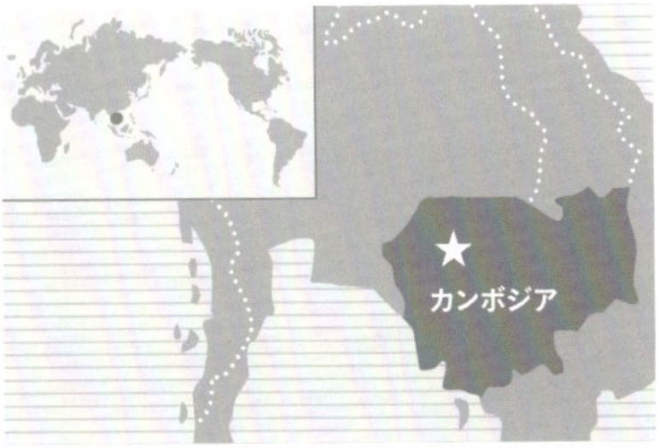

★ベストシーズン

1 2 3 4 5 6 7 8 9 10 11 12 月

★言葉／クメール語

★日本からのアクセス／タイのバンコクやベトナムのホーチミンなどアジアの主要都市で乗り継ぎ、シェムリアップ空港へ。市内からタクシーもしくはバイクタクシーで約1時間。

旅のヒント

アンコール遺跡群の共通チケットが必要。1日3日、7日の3種類から選べ、3日間以上から、メインゲートで撮影された証明写真付きのチケットが発行されます。観光の記念になるので、おすすめです。

カンボジアでは現在仏教徒が多い
ここでも修行中の少年僧を見かけることがある

11
GRAY

リーセフィヨルド

Lyse Fjord

旅の予算
23万円〜
(8日間のツアー料金)

海からそそり立つ「説教台」の上は意外に広い
高所ならではの爽快感も存分に味わえる

目もくらむ絶壁の岩の上から 雄大なフィヨルドの絶景に酔う

ノルウェーのリーセフィヨルドは、海面から垂直に切り立った岩が聳える、全長約42kmの入江です。

最大の見どころである「プレーケストーレン」は、ノルウェー語で「説教台」という意味。これは海からそそり立つ一枚岩で、その高さは東京スカイツリーに匹敵する約600m！　頂上は平らになっていて、ここから見渡すフィヨルドのダイナミックな景観は圧巻です。遥か下の、海に浮かぶクルーズ船が、まるで米粒のように見えます。柵のない岩の縁に腰を下ろし、あるいは腹ばいになって真下を見下ろすとその高さに目がくらむでしょう。

このような景観を作りだした、自然の驚異と神秘を感じずにはいられません。

★ベストシーズン

1 2 3 4 5 6 7 8 9 10 11 12 月（5〜9月が強調表示）

★言葉／ノルウェー語

★日本からのアクセス／ヨーロッパの都市を経由して、オスロまで約13～18時間。スタヴァンゲルまで国内線で飛び（約50分）、フェリー（約40分）でタウへ渡る。タウから登山口までバスで約35分。

旅のヒント

「プレーケストーレン」まではハイキングで所要約2時間（夏季のみ）。しっかりしたハイキングの装備が必要です。スタヴァンゲルからのクルーズで、絶景を海から楽しむこともできます（所要約3時間・通年）。

建築物はすべてコンクリートで造られている
バロック様式の影響も感じさせる装飾

両側に龍をあしらった階段を上り切ると
皇帝の眠る廟が静かに佇んでいる

旅の予算
9万円～
（4日間のツアー料金）

11
GRAY

カイディン廟
Tomb of Khai Dinh

くすんだ建物に足を踏み入れると極彩色のモザイク画が現れる

緑深いチャウチュー山のなかを進むと、やがて巨大な階段に迎えられます。龍の装飾が施された手すりを眺めながら上り切ると、皇帝が眠る廟が見えてきます。

地味な灰色の外壁の廟の中に入ると、景色は一変。壁から天井にかけての一面にガラスや陶磁器によるモザイク画が施され、まるでモノクロの世界から色彩の洪水に迷い込んだような感覚です。

ここに眠るグエン王朝の12代目カイディン帝は、フランス文化も愛したといわれ、東洋と西洋の文化が混ざりあう独特の世界を造りだしました。中国で死者とともに埋葬された兵馬俑を模した石像が廟の入口に並び、周囲の静かな山の景色と美しく調和しています。

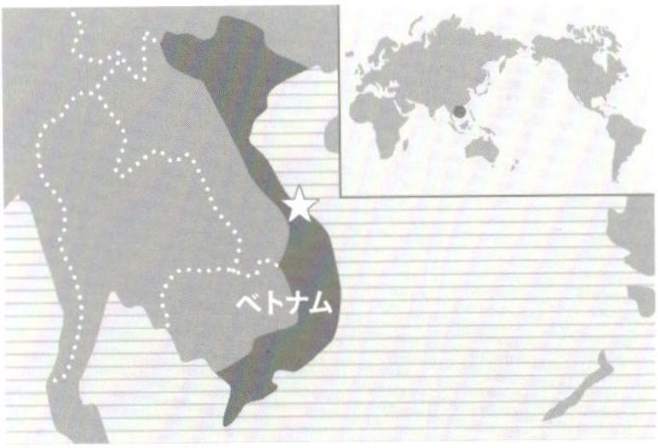

★ベストシーズン
1 2 3 4 5 6 7 8 9 10 11 12 月

★言葉／ベトナム語

★日本からのアクセス／ベトナムのハノイとホーチミンへ直行便があり、さらにカイディン廟のあるフエの町までは両都市から国内線、鉄道、バスが多数運行されている。

旅のヒント
フエの町ではグエン王朝の時代の伝統的な宮廷料理を再現した「王宮料理」を味わうことができます。高級食材を使い、切り方や盛りつけなど、見た目にも美しい料理は試してみる価値があります。

皇帝の像はまばゆい金色
外観とのギャップに驚かされる

旅の予算
12万円～
(5日間のロンドン滞在ツアーと交通費の合計)

11
GRAY

ヨークシャーデールズ国立公園

Yorkshire Dales National Park

緑豊かな国立公園の一角にある寂寥感が漂うひび割れた大地

イギリスの中で最も美しい自然に恵まれた地方が、ヨークシャー地方です。そこに「谷」の名を持つヨークシャーデールズ国立公園があります。緑豊かな丘陵地帯が広がる公園内の端に、風景が一変する場所があります。

それは力強い存在感を放つ巨大な石灰岩、マルハム・コーブ(マラム・コーブ)が聳え立っている場所。過去数百万年の間に氷と水が貫通して形成され、高さが80mもある断崖です。そしてその岩の上へ登ると、目の前にむき出しの岩盤に、不規則で無数の割れ目が刻み込まれた光景が広がります。青空より曇天の空が似合いそうな荒涼とした風景は、絵になるイギリスの風景のひとつです。

不思議な模様の岩に一本の樹木が佇む。割れ目に沿って冷たい風が吹き抜けているような風景

国立公園内をトレッキングして
滝や洞窟など豊かな自然の産物を満喫する

★ベストシーズン

1 2 3 4 **5 6 7 8 9** 10 11 12 月

★言葉／英語

★日本からのアクセス／イギリスのロンドンまで行き、イギリス国鉄とセトルカーライル鉄道を乗り継いでスキプトン駅まで3時間半。ローカルバスで公園へ行き、そこから徒歩で約30分。

旅のヒント

公園の南にあるスキプトンは小さな田舎町ですが、中世に建てられたスキプトン城など見どころがあり、また園内のマルハム・コーブは「ハリー・ポッターと死の秘宝」の撮影にも使われた名勝です。

地獄の門（トルクメニスタン）

BLACK

「自分を高める」黒の絶景

光の相対として、暗さ、静寂を表すブラックですが、
厳粛でノーブルな魅力も併せ持っています。
ぼんやりとした現状にメリハリを付け、
自己輪郭をはっきりさせたいとき、
この色の絶景に会いに行ってみてはどうでしょう。

旅の予算
11万円〜
（6日間のツアー料金）

12
BLACK

マウナケア山

Mauna Kea

山頂には11ヵ国の研究機関が13の観測所を設置している

白い女神が住まう山頂は暗い夜空を見る最高の場所

常夏の島ハワイで、スキーができることをご存じですか？ハワイ諸島の最高峰、標高4205mのマウナケア山では冬季積雪があり、スキーが可能です。

ハワイ島には火の女神ペレが住まう火山キラウエアがよく知られていますが、ここマウナケアには雪の女神ポリアフがおり、先住民にとって山頂は神聖な場所なのです。一方ここは標高が高いうえ、湿度が低く、さらに晴天率が非常に高いので、地球上で最も理想的な天体観測地のひとつになっています。

雪が降る山頂は氷点下になるハワイと思えない寒さです。それでも天空すべてが星に埋め尽くされる光景は、きっと見る価値があるでしょう。

★ベストシーズン
1 2 3 4 5 6 7 8 9 10 11 12月

★言葉／英語

★日本からのアクセス／日本各都市からホノルルまで直行便で約7時間。国内線に乗り換えてハワイ島のヒロ国際空港またはコナ国際空港へ（所要約45分）。山頂へは現地ツアーで。

旅のヒント

山頂への道は途中から未舗装道路となり、レンタカーでの通行ができません。ツアーのほうが気楽に楽しめます。多くのツアーがサンセットを眺めてから、星空の観測をするプログラムを用意しています。

12
BLACK

テカポ湖

Lake Tekapo

旅の予算
15万円〜
（6日間のツアー料金）

ミルキーブルーの湖のほとりで 世界一美しい星空に酔う

ニュージーランド南島の中心部にあるテカポ湖。ミルキーブルーの湖の現実離れした美しさは特筆もの。湖畔には「善き羊飼いの教会」が建ち、夏の大地は一面ルピナスの花で覆われ、湖の奥にはサザンアルプスの頂が望めます。

でもテカポがさらに魅力的になるのは日が沈んだ後。小さな町以外、周囲に人工の光がない上、空気が澄んでいるテカポ湖周辺は世界で最も美しい星空が見える場所として知られています。冬のよく晴れた日、空を仰ぎ見れば星の洪水。プラネタリウムでしか知らない世界を、本物の夜空で目にすることができるのです。南十字星が、マゼラン星雲が、降ってくるように私たちに迫ってきます。

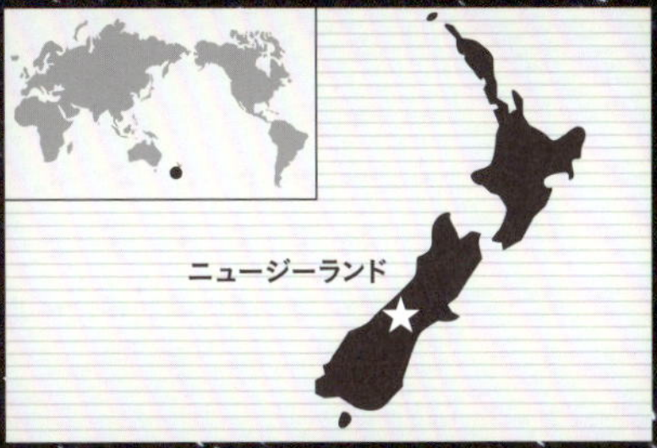

★ベストシーズン

1 2 3 4 5 6 7 8 9 10 11 12 月

★言葉／英語

★日本からのアクセス／直行便で南島のクライストチャーチまで約14時間。そこからタイーンズタウン行きかマウントクック行きのバスに約3時間半乗って、テカポ湖で途中下車。

旅のヒント

写真スポットでおすすめなのが、湖畔の「善き羊飼いの教会」のなかから窓越しに撮る一枚です。窓辺の十字架と湖、そして背後の雪を頂いた山々の風景が、まるで額縁に囲まれた絵画のように見えます。

旅人が石を積み上げたケルンが湖畔に残る
湖の色はまるで絵具を溶いたよう

「善き羊飼いの教会」が満点の星に包まれる
夜空の暗さと星の明るさに感動する

グレーの屋根と白い壁、
モノトーンの木組みの家々
まるでおもちゃのような家並み

12

BLACK

旅の予算
13万円～
(6日間のツアー料金と交通費の合計)

フロイデンベルク

Freudenberg

グリム童話に登場しそうな
モノトーンの素朴な村

ドイツの木組みの家といえば、カラフルな色を塗られたものがお馴染みですが、ここフロイデンベルクでは、グレーの屋根と白い壁、黒い木組みが印象的な、少々異色なモノトーンのデザインです。

これらの家は、17世紀ごろにあった大火事の後に建てられたもの。このようなデザインになった理由は定かではないのですが、すべての家が南向きで、屋根はグレーのスレート、壁は白、使用材木は樫の木と統一されています。一軒一軒が離れて建てられているのは、火災の延焼を防ぐためでしょう。今でも残る70棟ほどの木組みの家は、ホテルやレストランとして使われている建物もありますが、ほとんどがごく普通の住宅です。

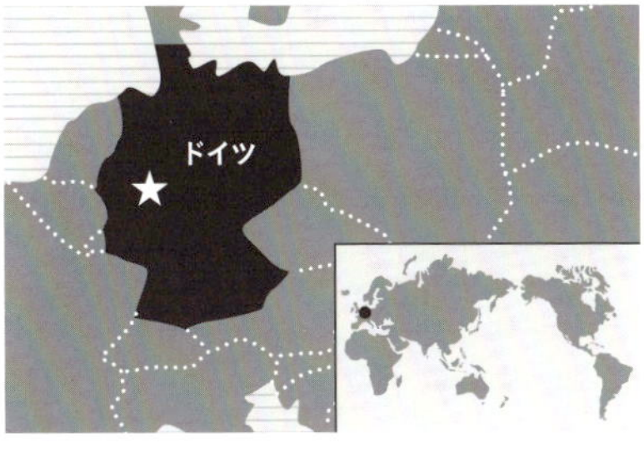

★ベストシーズン
1 2 3 4 5 6 7 8 9 10 11 12 月

★言葉／ドイツ語

★日本からのアクセス／ドイツのフランクフルトまで直行便で12時間半ほど。フランクフルト中央駅からジーゲン（Siegen）まで、列車で約1時間45分。ジーゲン駅からはバスで約25分。

旅のヒント
木組みの家々を見渡せるベストスポットは、クアパーク(kurpark)です。町の中心から坂道を歩いて10分程度で到着。丘の上から町を見下ろせます。なお午後は逆光になるので、撮影には午前中がベストでしょう。

近くの丘の上から見ると
すべての建物が南向きに
なっていることがよく分かる

トルクメニスタン
Turkmenistan

旅の予算
18万円〜
（7日間のツアー料金）

12
BLACK

地獄の門

Door to Hell

40年以上燃え続ける大地に開いた地球の傷跡

砂漠の真ん中にぽっかりと開いた大穴の中に燃えさかる灼熱の炎。地獄への入口があるとしたら、これこそ地球で最もふさわしい場所でしょう。

この大穴は1971年にボーリング調査中の落盤事故でできました。有毒な天然ガスの放出を止めようと火をつけたのですが、ガスは枯渇するどころか40年以上たった今も燃えつづけています。ガスの埋蔵量は見当もつかず、人工的に消す手段も見つかっていません。

大穴の直径は約70m。その真の迫力を感じられるのは日没後です。まさに地獄の門が開いたかのように、炎は闇の中でめらめらと燃え上がり、何キロも離れた場所からでも見えるほどです。

砂漠の真ん中に開いた直径80mの大穴。夜その姿を見るとまさに「地獄の門」そのもの

★ベストシーズン

1 2 3 **4** **5** 6 7 8 **9** **10** 11 12 月

★言葉／トルクメン語、ロシア語
★日本からのアクセス／モスクワ、イスタンブールなどを経由してアシガバットへ。約20時間。大穴のあるダルヴァザ村まで車で約3時間。村から大穴までは砂漠を約6キロ。徒歩約1時間半。

旅のヒント

トルクメニスタンの観光ビザの取得には、観光旅行会社を通して招待状を取る必要があります。招待状取得には時間がかかるので手続きはお早めに。夜だとダルヴァザの地獄の門の場所が分かりやすいです。

六角形の石柱には北大西洋の
波濤と夕日がよく似合う

旅の予算
23万円～
（8日間のツアー料金）

12
BLACK

ジャイアンツコーズウェイ

Giant's Causeway

伝説の巨人が造った 海辺に並ぶ六角形の石柱群

大西洋の荒波に揉まれた北アイルランドの海岸線はドラマチックな場所がたくさんあります。なかでも一番の絶景が見られるところが、ここでしょう。

6000万年の時を経て、火山から流れ出した溶岩が、何度も冷却と収縮を繰り返したことにより、この美しい六角形の石柱群は作られました。正確な六角形の石柱が約4万本も束になって、様々な奇観を作り出しています。とても自然のものとは思えないのですが、このスケールは人間が造りだすことは不可能でしょう。やはり伝説のとおり、巨人が造ったものなのです。「巨人のオルガン」「巨人のブーツ」など、“彼”の作品が8kmの海岸に並んでいます。

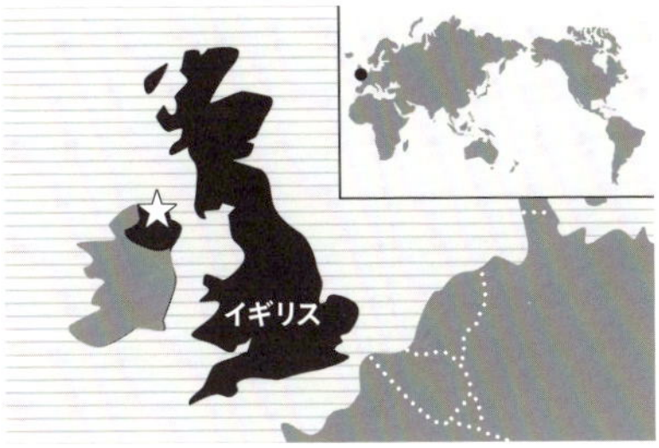

★ベストシーズン

1 2 3 4 5 6 7 8 9 10 11 12 月

★言葉／ゲール語、英語

★日本からのアクセス／ロンドンで乗り換えてベルファストへ。空港から最寄りの町ポートラッシュまでは鉄道またはバスで約2時間。そこからバスで約25分。下車後1kmほど急坂を下りる。

旅のヒント

ジャイアンツコーズウェイがあるコーズウェイコーストを回るバスは、夏季以外は減便されます。バスとタクシーを組み合わせるか、ベルファストかポートラッシュ発のツアーを利用すると、効率的に回ることができます。

規則正しく並ぶ石柱を上から見ると
職人が丁寧に並べたタイルのよう

すぐに行ける! 色彩の旅

日本の絶景12色

日本には春夏秋冬、はっきりとした四季があり、
南北に長い国土は、亜寒帯から亜熱帯まで気候も様々です。
海に囲まれているために厳寒酷暑がなく、植生も豊か。
少なくなっていますが、手つかずの自然も残っており、
山の多い地形は風景に変化をもたらします。
世界の絶景のような、荒々しさや雄大さには欠けますが、
この国には、色彩豊かで、穏やかな風景が溢れています。

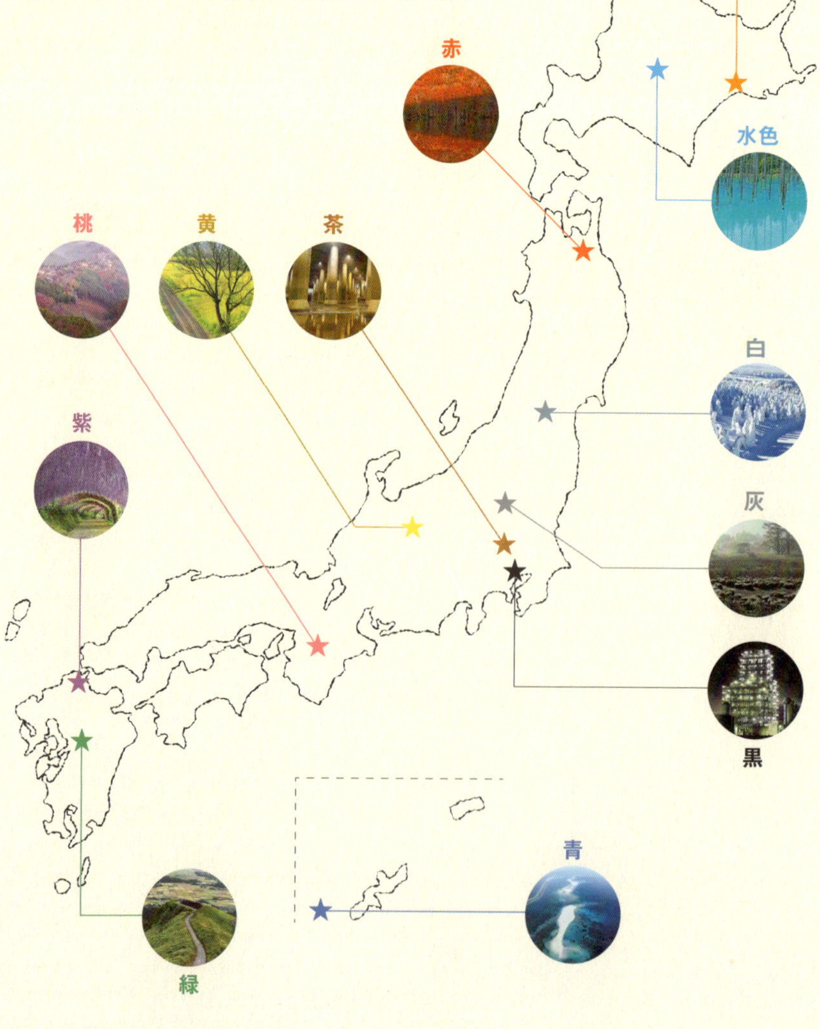

1
青

沖縄県久米島

はての浜

世界に誇る美しい海に囲まれ 至福の時間が味わえる

沖縄の海の美しさは世界的にも有名。自分のまわり360度がすべてその美しい海、という貴重な体験ができるのが、久米島の東に7kmにわたって延びる砂州の上。はての浜とよばれていますが、実際は3つの砂の島の総称です。

★ベストシーズン

1 2 3 4 5 6 7 8 9 10 11 12 月

★アクセス／直行便、または沖縄本島経由で久米島へ。直行便は羽田から2時間半、沖縄本島から30分。本島からはフェリーもある。はての浜へは久米島の港から15分の距離。

2
水色

北海道上川郡

青い池

偶然にできた水溜りが カメラマンが集まるフォトスポットに

十勝岳の泥流から美瑛町を守るために建設された堰堤の内側に水が溜まってできた池。この不思議な色は流れ込む温泉成分の影響です。立ち枯れてしまった木々が、美しくもちょっと寂しげな風景を作りだしています。

★ベストシーズン

1 2 3 4 5 6 7 8 9 10 11 12 月

★アクセス／JR富良野線美瑛駅から約17km。旭川駅発白金温泉の行きのバス（美瑛経由）が青い池の2km手前にあるインフォメーションセンターで停車する。所要約1時間10分。駐車場あり。

3
紫

福岡県北九州市

河内藤園

世界中からたくさんの人が通り抜ける 上品な薄紫の花のトンネル

日本各地の藤の名所のなかでも、そのスケールで他を圧倒しています。22種類の藤が作る220mの花のトンネルは圧巻としか言いようがありません。その美しさがウェブサイトで評判になり、世界中から人が訪れています。

★ベストシーズン

1 2 3 4 5 6 7 8 9 10 11 12 月

★アクセス／JR鹿児島本線八幡駅前からバスで約40分。河内小学校前下車徒歩15分。北九州都市高速 大谷ICまたは山路ICより車で約20分。シーズン中はかなり混雑するので注意。駐車場あり。

4
桃

奈良県吉野郡

吉野山

世界遺産の山全体を覆う白山桜
3万本の花が見せる日本の美の原点

人々の視界に入ってくる桜の数は1000本。「一目千本」といわれる吉野の桜は、平安時代に始まる植樹のおかげで、麓から山頂までが白山桜で覆い尽くされています。開花時期は標高で異なるので、長い間花見が楽しめます。

★ベストシーズン

1 2 3 4 5 6 7 8 9 10 11 12 月

★アクセス／近鉄吉野線終点吉野駅下車。徒歩数分の千本口駅からロープウェイで吉野山駅へ。車の場合、ピークシーズンは通行規制が行われるので山麓まで直接アクセスできない。

5
赤

青森県十和田市

蔦沼

四季の移ろいを映す鏡面に
色付いた秋のブナの森が広がる

渓流と湖沼、深い原生林が癒しの風景を作る十和田八幡平国立公園。この沼はその公園の一角にあります。蔦温泉周辺のブナの森に整備された遊歩道沿いにあって、ひときわ大きく静かな佇まいの沼がこの蔦沼です。

★ベストシーズン

1 2 3 4 5 6 7 8 9 10 11 12 月

★アクセス／JR東北本線青森駅から蔦温泉行きのバス。所要2時間10分。車の場合は、東北自動車道黒石インターを下り、約1時間15分。沼の近くには駐車場がないので蔦温泉に車を停めて歩く。

6
橙

北海道釧路市

釧路湿原

日本最大の湿原に日が昇り
木の枝に付いた霧氷が輝きだす

冬の釧路湿原といえば、雪原の上を優雅に舞うタンチョウの姿が知られていますが、美しいのはそれだけではありません。霧氷やダイヤモンドダストなど、寒さ厳しい場所ならではの自然現象は、冬の大きな見どころです。

★ベストシーズン

1 2 3 4 5 6 7 8 9 10 11 12 月

★アクセス／広大な釧路湿原を巡るのには、車での移動が最適。湿原内の道路を走る路線バスや釧路と網走を結ぶJR釧網線もあるが、本数も少なく湿原内での移動には不向き。

7
黄

長野県飯山市

菜の花畑

一面に広がる黄色の絨毯が 信州の山里に春を告げる

千曲川沿いに広がる平野に遅い春が来て、周囲の山に積もった雪が解ける頃、地面は一面の菜の花に覆われます。大地を覆う菜の花と穏やかな山並み。誰もが懐かしさを感じる日本の原風景がここにあります。

★ベストシーズン

1 2 3 4 5 6 7 8 9 10 11 12 月

★アクセス／飯山市菜の花公園へはJR飯山線飯山駅からタクシーで約20分。駅から路線バスもある。車の場合、上信越自動車道豊田飯山インター下車約20分。市内には他にも花の見どころが多い。

SF映画の舞台になりそうな 地下の巨大空間

河川の氾濫に備えて造られた放水路。その水量を調整する調圧水槽は大きな体育館がすっぽり入る巨大なサイズ。首都圏の地下50mにあるこの地下空間は、事前に予約をすれば誰でも見学することができます。

★ベストシーズン

1 2 3 4 5 6 7 8 9 10 11 12 月

★アクセス／東武野田線 南桜井駅が最寄り駅。駅から約3km離れており、タクシーで7～8分。路線バスもあるが本数は少ない。敷地内に駐車場があるので車でのアクセスも可能。

8
茶

埼玉県春日部市

首都圏外郭放水路

9
緑

熊本県熊本市

ラピュタの道

阿蘇の外輪山の一角に現れた アニメに描かれた夢の世界

雲海に浮かぶ緑の島に一本の道路。スタジオジブリ作品『天空の城ラピュタ』の一場面のような光景から、いつからかこの道はこう呼ばれるようになりました。ただしこの光景が見られるのは幸運にも条件が整ったときだけです。

★ベストシーズン

1 2 3 4 5 6 7 8 9 10 11 12 月

★アクセス／この道は阿蘇の外輪山の上を走る熊本県道339号線と麓を走る県道149号線をつなぐ道で、正式名称は「阿蘇市道狩尾幹線」。ここを走る公共交通機関はないので、車が唯一のアクセス手段。

10
白
山形県蔵王町
樹氷

雪と風と森が作りだす
奇跡の雪のモンスターたち

樹氷は雪が多い場所ならどこでも見られる現象ではありません。この雪と氷のオブジェが作られるのは、日本海から吹き付ける適度な風速の季節風、決まった種類の木の存在、そして気温の条件が揃ったときだけなのです。

★ベストシーズン

1 2 3 4 5 6 7 8 9 10 11 12 月

★アクセス／樹氷現象は各地で見られるが、一番見学しやすいのは蔵王スキー場。山形新幹線・仙山線山形駅下車バスで約40分。車の場合は山形自動車道の山形蔵王インターで下りて約30分。

モノトーンの世界が広がる
朝霧に煙る湿原

冷え込みの厳しい早朝の戦場ヶ原。湿気を含んだ空気が霧となり、湿原の風景から色彩を奪っていきます。でも、そんな幻想的な風景が見られるのはわずかな間。太陽が昇ると霧が晴れ、やがて色をもった景色が蘇ります。

★ベストシーズン

1 2 3 4 5 6 7 8 9 10 11 12 月

★アクセス／JRまたは東武鉄道日光線東武日光駅下車後バスで約1時間、戦場ヶ原展望台へ。車の場合日光宇都宮道路清滝インターで下り、120号線(いろは坂)を通って約1時間。駐車場あり。

11
灰
栃木県日光市
戦場ヶ原

12
黒
神奈川県川崎市
工場夜景

昼には気が付かない
夜の闇に浮かび上がる無機質な美しさ

美しいと感じる風景は人それぞれですが、人工の構造物のなかに意外な美しさを発見することは少なくありません。工場の夜景はその代表。昼は煤けた姿の工場が、夜ライトアップされると妖しい美しさを醸し出します。

★ベストシーズン

1 2 3 4 5 6 7 8 9 10 11 12 月

★アクセス／バスや屋形船での見学ツアーもあるが、周辺の道路や空き地、公園などから眺めることがほとんど。そのため交通手段は自由に場所を移動できるように車で行くのがベスト。

カバー　Robert Harding/アフロ、REX FEATURES/アフロ
表紙　遠藤徹/アフロ

●Science Photo Library/アフロ
(P001、P084-085、P094、P238-239)
●白川由紀/アフロ(P002-003)
●保屋野参/アフロ
(P012-013、P014、P015、P148、P178、P192-193)
●Jon Arnold Images/アフロ
(P016、P017、P064-065、P136-137)
●HEMIS/アフロ(P017、P053、P062、P063、P088、P197)
●WESTEND61/アフロ(P018-019、P197、P248)
●Heritage Image/アフロ(P019)
●アフロ(P019、P126-127)
●SIME/アフロ(P020、P040、P041、P048、P050-051、P052、P053、P054、P120、P138、P150、P154、P164-165、P166-167、P185、P207、P218-219、P242、P243)
●David Wall/アフロ(P021、P170、P171)
●中島洋祐/アフロ(P010、P022-023)
●高橋暁子/アフロ(P024-025、P026、P232-233)
●富井義夫/アフロ
(P027、P034、P035、P038-039、P152、P155、P204、P215、P230)
●Picture Press/アフロ(P028-029)
●Alamy/アフロ(P030、P074-075、P076、P077、P085、P092-093、P158、P162-163、P198-199、P212、P213、P228、P228-229、P246-247)
●All Canada Photos/アフロ(P031)
●田中秀明/アフロ(P032-033)
●Super Stock/アフロ(P041)
●Norbert Wu/Minden Pictures/アフロ(P042-043)
●Robert Harding/アフロ(P044、P046、P055、P180、P237)
●三枝輝雄/アフロ(P045、P245)
●山田佳裕/アフロ(P045)
●Jose Fuste Raga/アフロ
(P047、P067、P086、P087、P130、P143、P200、P230)
●AGE FOTOSTOCK/アフロ(P055、P073、P132-133)
●F1online/アフロ(P056-057)
●Minden Pictures/アフロ(P058-059)
●Dennis Frates/アフロ(P059、P078-079)
●Bildagentur Schuster/アフロ(P060、P061)
●picture alliance/アフロ(P065)
●First Light Associated Photographers/アフロ
(P066、P108)
●Gary N. Crabbe/アフロ(P068-069)
●mauritius images/アフロ(P072、P142、P249)
●野村哲也/アフロ(P080-081、P117)
●中村吉夫/アフロ(P082-083)
●関戸光賀/アフロ(P090)
●後藤昌美/アフロ(P091)
●Prisma Bildagentur/アフロ
(P095、P097、P112、P134-135、P172-173、P194、P211)
●Christof Sonderegger/アフロ(P096)
●Imaginechina/アフロ(P098-099、P099、P100、P101)
●岡田光司/アフロ(P102-103、P253)
●金本孔俊/アフロ(P104)
●Alaska Stock/アフロ(P105)
●山本忠男/アフロ(P106)
●スタジオサラ/アフロ(P107、P251)
●高田芳裕/アフロ(P109、P110、P129)
●Science Faction/アフロ(P113)
●遠藤徹/アフロ(P114-115、P195、P208-209)
●Photoshot/アフロ(P116、P206、P217、P238)
●山田豊宏/アフロ(P118-119)
●John W. Warden/アフロ(P070、P121、P156-157)
●Tomas Kaspar/アフロ(P122-123)
●NORDICPHOTOS/アフロ(P124-125)
●AfriPics/アフロ(P127)
●アールクリエイション/アフロ(P128)
●中村庸夫/アフロ(P140-141)
●伊東町子/アフロ(P144-145)
●小田洋二郎/アフロ(P146)
●河口信雄/アフロ
(P147、P220-221、P224、P225)
●福岡 将之/アフロ(P149)
●The Bridgeman Art Library/アフロ(P153)
●節政博親/アフロ(P159)
●Steve Vidler/アフロ(P160-161)
●東勝基/アフロ(P168)
●片平孝/アフロ(P174)
●ロイター/アフロ(P175)
●竹内裕信/アフロ(P176)
●Per-Andre Hoffmann/アフロ(P177)
●石原正雄/アフロ(P179)
●imagebroker/アフロ(P181、P214)
●マリンプレスジャパン/アフロ(P181)
●Cary Dean Bucklin/アフロ(P182)
●Ingo Arndt/Minden Pictures/アフロ(P183)
●John Warburton-Lee/アフロ(P036、P184、P207)
●isifa/アフロ(P186-187、P188、P189)
●REX FEATURES/アフロ(P190、P191)
●上田孝行/アフロ(P196)
●AP/アフロ(P201)
●松尾 純/アフロ(P202)
●Photononstop/アフロ(P203)
●西端秀和/アフロ(P210)
●Folio Bildbyra/アフロ(P216)
●大村英明/アフロ(P222-223)
●白崎良明/アフロ(P231)
●安部光雄/アフロ(P234、P235)
●Loop Images/アフロ(P226、P236-237)
●佐山哲男/アフロ(P244)
●古見きゅう/アフロ(P251)
●岩沢勝正/アフロ(P251)
●田中正秋/アフロ(P252)
●山梨勝弘/アフロ(P252)
●伊東剛/アフロ(P252)
●山梨将典/アフロ(P253)
●福田竜也/アフロ(P253)
●熊谷公一/アフロ(P254)
●島村秀一/アフロ(P254)
●川北茂貴/アフロ(P254)

心ゆさぶる色彩の旅へ

世界の絶景パレット100

編著　永岡書店編集部

編集　有限会社オフィス・ポストイット
（永岡邦彦、末武千恵、永川銀珠、門上奈央）

編集協力　菅沼佐和子、井戸美和子、富田彩乃、浜井幸子、
前原愛美、前原利行、吉田久美子

表紙・本文デザイン　BETTER DAYS（大久保裕文+小渕映理子）

写真協力　株式会社アフロ（北見一夫、永江加奈）

発行者　永岡純一

発行所　株式会社永岡書店
〒176－8518　東京都練馬区豊玉上1－7－14
電話：03－3992－5155（代表）　03－3992－7191（編集）

印刷　大日本印刷

製本　大日本印刷

ISBN978-4-522-43284-6　C0026